陕西省重点学科——西方经济学建设项目
西北大学研究生创新教育项目——优秀博士学位论文类

CHINA

中国转型时期
经济增长质量的理论
与实证分析

The Quality of Economic Growth:
A Theoretical Explanation and
Empirical Analysis in China's Transition Period

钞小静 ◎著

人民出版社

序 一

经济增长既包括经济在数量方面的扩张,又包括经济在质量方面的提高,是数量和质量的统一。在我国经济建设的初期,我们在经济增长的数量与质量之间更加注重经济增长的速度,1978 年党的十一届三中全会中提出国民经济高速度地、稳定地向前发展,在 20 世纪 80 年代的探索中逐步将速度与效益联系起来,1992 年党的十四大提出既有高速度又有较好效益的国民经济发展,即"又快又好"的发展。随着中国经济发展由起飞阶段迈入加速发展的新阶段,经济增长数量与质量之间的关系和侧重点开始发生变化。2005 年党的十六届三中全会提出实现国民经济又好又快的发展,把提高经济增长的质量和效益放在了突出的位置。党的十七大明确指出:"要着力把握发展规律、创新发展理念、转变发展方式、破解发展难题,提高发展质量和效益,实现国民经济又好又快发展。"将转变经济发展方式,实现国民经济又好又快的发展确定为我国经济发展的重大战略任务。从"又快又好"到"又好又快",体现了我国经济发展思路的变化,意味着各种经济增长质量问题已经成为制约我国经济发展的关键因素,我国的经济发展将把经济增长的数量和质量相结合,更加注重体现科学发展观的内在要求,更加重视经济增长的质量和效益。

我院教师钞小静在攻读博士学位期间承担了西北大学优秀博士学位论文项目,主要从事经济增长质量问题的研究,围绕这一问题先后在《数量经济技术经济研究》、《经济评论》、《经济科学》等学术期刊发表论文多篇。本书是她在博士论文基础上进行扩展所形成的成果,采用国际规范的逻辑实证主义分析方法以经济转型为背景对中国的经济增长质量问题进行了理论解释与实证分析。通读书稿,我发现该书稿具有以下特点：

1. 把理论创新与构建新的框架相结合。经济增长质量是一个非常广义的范畴，包含着丰富的内容，尽管许多学者已经从经济增长的结构、经济增长的稳定性、福利水平变动、资源环境代价等各个方面展开了相应的理论分析与实证研究，但并没有把这些问题纳入到一个统一的理论框架下进行分析。该书在借鉴国内外研究的基础上，采用归纳推理的方法建立了经济增长质量问题的分析框架，提出了经济增长质量的基本理论假说，从经济增长的结构、经济增长的稳定性、福利水平变动、资源环境代价四个维度对经济增长质量问题进行理论分析。

2. 把定性分析与定量分析相结合。依据增长质量的理论解释，构造一个完整的经济增长质量指数来测度中国及各地区的经济增长质量。经济增长质量好坏的判断标准建立在对经济增长质量外延与内涵进行准确界定的基础上，由于现有文献并没有对经济增长质量进行明确界定，造成在此基础上构建的评价指标体系往往不够全面和客观，对一国经济增长质量的基本态势把握不够准确。而且现有研究只从全国总量层面上或者是单独以某一省区作为研究对象来进行经济增长质量水平的评价与判断，但却缺少对各地区经济增长质量状态的测度与差异的比较。该书在清晰界定经济增长质量外延与内涵的基础上利用多维指标合成技术构造一个完整的经济增长质量指数，依据中国经济转型期的相关数据对中国以及各地区1978～2007年间经济增长质量的状态进行全面系统的考察。

3. 把规范分析与实证分析有机结合。实证分析与规范分析是两种相互对应的判断分析方法，现有文献中对经济增长质量问题的研究主要集中于经济增长质量的内涵以及经济增长质量的测度等基础性问题的讨论上，目前还尚未形成对于经济增长质量的系统的理论分析框架。此外，由于经济增长质量的外延与内涵没有界定清楚，导致经济增长质量的量化出现困难，进一步造成对经济增长质量问题的实证分析很难实现。该书采用规范分析的方法对经济增长质量的外延与内涵进行界定并提出四条基本理论假说，建立了经济增长质量的分析框架，在此基础上以中国经济转型30年的相关数据为样本进行实证分析，运用规范分析与实证分析相结合的方法对中国的经济增长质量问题进行理论解释与实证分析。

4. 把理论与实践有机结合。该书将基础理论研究与政策应用研究相结合，从理论、实践和政策三个层面对经济增长质量问题进行研究。在基础理论上，从经济增长与经济发展的区别与联系入手，对经济增长质量的外延与内涵进行清晰界定，进一步采用归纳推理的方法建立了经济增长质量问题的分析框架，提出对于经济增长质量的四条基本理论假说。在现实层面上，通过构建测度经济增长质量的指数对中国以及各地区 1978～2007 年间经济增长质量的状态进行评价并进一步展开相应的经验考察。在政策应用上，从经济结构、经济波动、福利分配、资源环境代价四个维度探讨了未来提高中国经济增长质量的路径选择，并依据经济增长质量分析的要求，提出了提高未来中国经济增长质量的战略转变与政策取向。

新中国成立以来，尤其是 1978 年改革开放以来，中国经济增长在数量方面取得重大成就，但经济增长质量的提高却是一个亟待解决的重大问题。该书对经济增长质量的研究符合当前中国经济增长的现实需要，与党的十七大以来提出的国民经济又好又快的发展思路具有一致性。因此，该书的研究不仅具有重要的理论意义，而且对中国经济增长实现又好又快的发展也具有重要现实意义。是以为序。

白永秀
西北大学经济管理学院院长、教授、博士生导师
2009 年 12 月 25 日

序 二

　　自从改革开放以来,中国逐渐摆脱了传统计划经济体制,市场经济体制不断趋于完善,不但提高了经济效率,而且形成了良性激励机制,产业结构扭曲得以矫正,对外开放使中国经济与世界经济紧密联系,非公有经济的大力发展以及居民消费水平的提高造成对社会总需求的拉动,促使中国 GDP 的总量和人均 GDP 不断增加,1978～2007 年,国内生产总值从 3645.217 亿元增加到 246619 亿元,人均国内生产总值由 381.23 元增加到 18665 元;经济增长率尽管出现波动,但是总体上保持高速增长的态势。

　　随着经济的不断增长,中国城乡居民人均可支配收入不断上升,特别是城市居民人均可支配收入增长的幅度更大,从 1978 年的 343.4 元增加到 2007 年的 13786 元。居民收入是消费水平高低以及消费结构改变的主要影响因素,居民收入水平的增加意味着城乡居民消费水平的提高,食物消费占总消费的比重将不断减少,即恩格尔系数不断下降。而且从 1978 年以来,我国的进出口贸易额逐年大幅增长,贸易规模不断扩大,2003～2006 年我国货物进出口快速增长,年均增长 29.8%。贸易总量在世界贸易中所占比重逐年提高,在世界各国的位次不断提升,2002 年,我国货物进出口贸易总额为 6208 亿美元,占世界贸易总额的 4.7%。到 2007 年已达 21738 亿美元,增长了近 2 倍,占世界的比重提高到 7.2%;在世界的位次从 2002 年的第 6 位,提升到 2006 年第 3 位。进出口贸易总额占 GDP 的比重也不断上升,对外开放程度不断加深。我国外商投资总体呈上升趋势,外商直接投资进入一个成熟稳定的全新发展阶段,2003～2006 年,外商在中国的直接投资实际使用金额以年均 4.6% 的速度稳步增长,通过外商直接投资引进了大量的先进适用技术和管理技术,促进了产业技术改造和产品升级换代,加快了中国产业结构的优化升级。

随着工业化进程步伐的加快,经济发展动力逐步由农业向工业和服务业转移,产业结构进一步优化,城市化水平不断提高,优化社会和人居环境,从而使经济社会环境全面协调发展。我国城市化水平不断提高,这不但促进城市经济发展体系的构建,而且为农业剩余劳动力提供了转移的平台。第一、第二、第三产业结构的变化趋势正是符合了经济发展规律,第一产业产值比重及其就业人数比重不断下降,第二、第三产业产值比重及其就业人数比重不断上升,城乡发展日趋交融,实现经济社会的整合和协调发展。并且我国在党的十六大以来,按照科学发展观和构建社会主义和谐社会的要求,实施积极的就业政策,建立健全覆盖城乡的就业和社会保障体系;维护劳动者合法权益,加强劳动保障法制和基础建设,社会保障范围不断扩展,社会保障待遇标准逐年提高,劳动和社会保障事业发展取得明显成效,从而使我国现代化进程逐步加深。

经过30年的经济增长,中国经济在世界上的地位逐步提升,中国的经济增长速度不仅高于发展中国家的平均水平,而且高于发达国家的平均水平。从2006年的数据来看,中国的经济增长率为11.1%,大大超过世界平均水平的3.9%,也超过发达国家平均水平的2.6%和发展中国家平均水平的7.4%。同时也超过西方七国平均水平的2.4%和欧元区平均水平的1.3%。中国的经济增长水平不仅高出发达国家的平均水平和发展中国家的平均水平,与发达国家和发展中国家以及一些转型国家相比较,中国经济增长也表现出了高速增长的奇迹。

经过30年的经济改革与经济转型,目前中国经济发展进入到了一个新的阶段,这一阶段的基本特征表现为:

1. 工业化进入由中期阶段向高级阶段的过渡时期。2007年,中国的GDP为246619亿元,比1978年的5680.8亿元,增长了42.4倍多。按照钱纳里的标准,我国进入到了工业化的加速发展时期,工业化由中期阶段向高级阶段过渡,也进入到了由1000美元向3000美元的过渡期,这一时期既是经济发展的"战略机遇期",也是经济发展的"矛盾凸显期"。在这个发展阶段,中国将迎来一个大规模固定资产、设备的更新阶段,并由此带来三方面的经济机遇。一是固定资产的大规模更新,必将带动中国经济的继续增长。二是重型机器制造业正在逐步建立和形成。三是自主创新的开展必然介入成套机器设备的更新。从所处的矛盾凸显期来看,"中国经济发展进入新阶段以来,经济的结构性变化和矛盾更为显著"。资源和环境的制约、发展不平衡、社会转型期的矛盾,以及国内体制和外部环境中的新问题开始集中显露出来。产生了收入分配差距拉大、地区差距扩大,经济结构失衡、失业和通货膨胀等问题。

2. 整体经济发展进入双重转型期。改革 30 年的经济发展不是一般的发展,而是一种典型的转型发展,经济发展呈现出显著的"双重制度变迁"的特征,在双重制度变迁背景下整体经济发展进入到了双重转型期:一方面要实现发展的任务,实现由贫穷落后向富裕状态的转变,缩小与发达国家的经济差距;另一方面要加快经济转型,经济发展和经济转型统一为一个过程。从经济发展来看,既要加速实现传统经典工业化时代的任务,又要迎接信息化时代工业化的挑战。从经济转型的任务来看,面临着经济体制由计划经济向市场经济的转型,工业化由传统工业化向现代新型工业化的转型,城市化由人口城市化向以产业为支持的功能型城市化转型,经济发展从规模扩张型向效率提高型转型,社会由封闭向开放的转型。双重制度变迁既增加了制度变迁的成本,又制约了经济的进一步发展。

3. 结构调整成为新阶段经济发展的主题。经过 30 年的改革与发展,我国经济发展已进入以结构调整为特征的新阶段,从产业结构的演进来看,2006 年我国第一、第二、第三次产业增加值占 GDP 的比重为:12.4:47.3:40.3,对照工业化先行国家产业结构的历史演变,目前中国产业结构演进阶段转换的"拐点"已经出现。从就业结构来看,2006 年中国劳动力在三个产业的分布结构为 44.8:23.8:31.4,"非农"产业占就业的比重仅为 55.2%,比之工业化先行大国最低 2/3,平均 70% 以上的比重低得多。从城市化来看,中国的城市化率尚未突破 50%,按照"常住人口"统计的"城市人口"占总人口的比重,2007 年仅仅为 44.9%。因此,结构调整成为新阶段经济发展的主题,在新的发展阶段需要在产业结构调整与需求结构升级方面做文章,在需求方面,大力发展消费信贷,促进消费结构升级;在供给方面,重点发展装备工业和高新技术产业。在新的发展阶段要形成以住、行为主要增长点的需求结构和以高加工度、技术密集、创新推动为特征的产业结构。

4. 消费的增长效应逐步增强。改革开放以来,中国的消费结构变化显著,消费方式逐步从生存型转向发展型和享受型。在城镇居民的消费支出中,住房、交通、文化教育、医疗保健、通讯等方面的消费比重不断上升。在经济发展的新阶段,发展性的消费正在加速增长。在新阶段由于收入快速增长,资产市场上财富效应的不断扩大,以及社会服务与保障体系改革的进展等因素,消费增长很可能最具活力。中国经济正在由投资驱动型向消费拉动型变化,消费对经济增长的贡献率正在逐步超越投资,2006 年消费对经济增长的贡献率达到 49%,大大高于投资(36%)和净出口(15%)的贡献率。

5. 规模报酬递增机制在经济发展中的作用得到加强。中国经济增长是一种转型增长,这种转型增长表现为经济体制转型背景下的增长,在内容上表现为传统产业结构向现代产业结构转型背景下的增长。也就是整个国民经济是传统产业部门与现代产业部门同时并存,而且传统产业部门和现代产业部门是按照不同的经济增长方式来进行的。报酬递增的机制与报酬递减的机制并存于所有的产业中。报酬递减在传统产业部门——加工行业起着支配作用。报酬递增则统治着现代产业部门——以知识为基础的产业。现代经济因此分成两个相互联系的商业世界,对应着两种类型的报酬。中国经济目前经历着从规模物质生产到设计和使用技术、从加工处理资源到加工处理信息、从应用自然资源到运用知识和技术的转变。随着这个转变的发生,"决定经济行为的基础性机制从报酬递减转向报酬递增",规模报酬递增机制在经济发展中的作用得到加强。

6. 资源环境构成了对经济发展的强约束。中国工业化目前正在迈向重化工业阶段,资源环境构成了对工业化的硬约束,中国是一个拥有 13 亿人口的大国,所面临的国土、资源、生态、环境等问题的压力不仅高于全球平均水平,也高于与中国经济发展水平相近的发展中国家。一些最重要的自然资源如油气、铁矿、铜矿等对国际市场的依赖程度增强。中国要在这一约束条件下,实现经济发展与资源、环境相协调,实现可持续发展。中国是一个拥有13亿人口的大国,既不可能像小国那样通过国际市场来解决资源短缺问题,也不可能越过重化工业阶段而进入高加工度阶段甚至直接进入后工业化阶段。中国是一个资源相对短缺、环境相对脆弱的国家,当前以重化工业为主导的产业结构和粗放的产业发展模式,与资源、能源和环境的矛盾十分尖锐。资源、能源和环境已对产业发展形成长期硬约束的现实,决定了在重化工业阶段,中国不能走工业先行国家已经走过的重化工业发展道路,而应选择新型工业化道路和可持续发展的产业政策。

7. 经济发展面临更加激烈的国际竞争环境。随着经济全球化的加深,出口对增长所起到的显著带动作用,即"开放带来的增长动力在减弱",经济发展面临更加激烈的国际竞争环境。与国际工业化水平相比较,我国的工业存在着巨大的差距。在企业规模方面,我国独立核算企业、国有企业、规模以上的非国有企业的平均生产规模较小,化学工业、石油加工业、钢铁工业的平均规模与国际水平相比差距突出。同时工业的生产设备、产品质量、研究和开发能力与国际水平相比较差距更大,尤其是技术密集型产业和高新技术产业。从现代服务业来看,总体发展水平低。2007 年我国服务业增加值仅占 GDP 的 39.1%,低于高收入国家平均水平约 30 个百分点,服务业总体供给不足,生产性服务偏低,服务质量和效率不高。

影响经济发展结局的是增长进程的质量而不仅仅是其速度,正如影响人类健康和预期寿命的是饮食质量而不仅仅是食品的数量一样,这就是我们要正确认识和评价经济增长质量的原因所在。在中国经济发展进入新阶段的背景下,需要重视经济增长的质量问题。我所指导的博士生钞小静,从硕士阶段就研究经济增长质量问题,博士论文的题目是《经济增长质量:一种理论解释及中国的实证分析》,攻读博士学位期间,围绕经济增长质量发表了一个系列的文章,2009 年 6 月顺利通过了博士论文答辩。博士论文答辩以后,她又在博士论文的基础上进行了扩展,形成了本书稿,在该书即将由人民出版社出版之前,我想就本书的创新谈自己的一些看法。我认为该书的特点体现在以下几方面:

1. 选题视角新。经济增长质量问题是国际经济学界需要攻关的一个难题,是西方经济学中需要创新的领域,在理论上具有重要的创新意义。经济增长包括经济增长数量与经济增长质量两方面内容,经济增长本身并不是目的,而只是为人类谋福利的一种手段,只有经济增长质量才是发展的根本。在经济增长理论发展的二百多年里,学者们主要以经济增长数量为研究对象,通过不断采用标准化、主流化的研究方法,形成了系统的理论和实证研究成果。但是对于经济增长质量的研究则相当匮乏,不仅缺少理论框架,而且也没有相应的实证支撑,这也正是西方一些著名经济学家,如巴罗和诺贝尔经济学奖获得者阿罗等,正在积极探索的一个难题。因此,研究经济增长质量是对经济增长理论的发展和完善,是在新的视角上对经济增长理论的扩展。

2. 建立了经济增长质量分析的理论框架。经济增长质量分析是一个新的研究课题,目前国内外的研究缺乏系统的经济增长质量理论分析框架。经济增长质量是一个非常广义的范畴,尽管许多学者已经从经济增长的结构、经济增长的稳定性、福利水平变动、资源环境代价等各个方面展开了相应理论与实证的研究,但并没有把这些问题纳入到一个统一的理论框架下进行分析,目前仍缺乏系统的经济增长质量理论分析框架。钞小静的专著在借鉴国内外研究的基础上,提出经济增长质量的四维框架,从经济增长的结构、经济增长的稳定性、福利水平变动、资源环境代价四个维度建立框架,进行理论分析。

3. 以实证分析方法为主进行研究。该书稿在理论分析的基础上,采用统计分析方法,利用多维指标合成技术构造一个完整的经济增长质量指标体系,利用改革开放三十多年以来的数据测度中国的经济增长质量。在总体测度的基础上,运用计量经济学的分析方法,对经济增长质量涉及经济增长的结构、经济增长的稳定性、福利水平变动、资源环境代价进行了经验检验,增强了该书理论研究的实证性。

十七大报告提出要促进国民经济又好又快发展。好就是强调提高经济增长的质量。相信该书的出版会对促进国民经济又好又快发展、经济发展方式转变以及中国经济结构的全面转型具有重要意义。是以为序。

任保平

西北大学经济管理学院副院长、教授、博士生导师

2009 年 12 月于西安

目　录

导　　论

第一节　选题的背景与意义

一、研究背景

经济增长与经济发展是经济学领域中最基本的问题之一。为什么这个世界上有些国家十分富裕,而有些国家却非常贫困? 经济增长的引擎是什么? 经济体如何实现产出的持续增长? 穷国怎样快速地转变为富国? 这些问题都构成了经济增长理论的主要内容。经济增长理论从古典理论发展到今天的内生增长理论,经历了二百多年的历史。古典经济学家亚当·斯密(1776)、大卫·李嘉图(1817)、托马斯·马尔萨斯(1798)奠定了很多呈现于经济增长理论中的基本成分。而现代经济增长理论始于弗兰克·拉姆齐 1928 年在《经济学期刊》上发表的一篇经典论文——"储蓄的一个数理理论",之后哈罗德(1939、1948)、多马(1947)、索洛(1956)、斯旺(1956)、罗默(1986)、卢卡斯(1988)等人推进了经济增长在理论方面的进展,并有大量的实证研究对经济增长理论进行了定量分析和检验。经济增长理论主要是通过要素分析来阐释一定时期内国民收入水平或人均国民收入水平的决定问题,即经济增长的来源问题。在经济增长理论发展的二百多年历史里,一直把经济增长的数量问题当做是经济增长的全部内容,所有理论探讨的中心问题都是如何实现经济数量上的扩张,但是却很少涉及经济增长质量问题。片面的追求经济增长数量带来了结构失衡、分配不均、贫富差距扩大、资源短缺及环境污染等问题,于是一些经济学者开始反思,认为增长是有意义的逐渐成为主流观点,但已经没有人赞成单纯的经济数量增长,经济增长的稳定性、分配不平等、资源环境代价等经济增长质量问题成为当前世界研究经济增长的主要课题。

新中国成立六十多年来,尤其是1978年改革开放以来,经济增长迅速,取得了举世瞩目的成就。但是,影响经济发展结局的不仅仅是经济增长的速度,还有经济增长的质量。我国经济在高速增长的同时,经济增长中的一些矛盾和问题也逐渐暴露出来,经济增长的结构性矛盾比较突出,经济增长的不稳定因素仍然存在、经济增长的成果分配不和谐、经济增长的模式尚未根本改变,这些突出的矛盾和问题背后反映的就是经济增长的质量问题。在我国国民经济的快速增长过程中,积累了不少结构性矛盾,不仅三大产业比例不协调、投资消费关系不协调、城乡间和地区间的发展也不协调;固定资产投资总规模偏大等影响经济增长稳定性的因素仍然存在,如果经济快速增长中出现大的波动将会损害到整个经济发展机体;全体人民并没有共享到经济增长的成果,收入差距扩大、收入不平等程度上升将通过资本市场、政治体制、社会环境、市场规模等各种渠道对经济增长产生制约作用;粗放的经济增长方式尚未根本改变,经济增长所付出的代价相当大,经济发展与资源环境的矛盾越来越突出。当前,经济增长质量在中国乃至世界各国的经济增长中都是一个非常突出的问题,许多国家正在积极通过转变经济增长方式、提高资源利用效率、减少环境污染等途径来达到提高经济增长质量的目的,提高经济增长质量已经成为世界各国经济发展中的一项重要课题。

二、研究意义

对经济增长质量问题进行研究不仅具有重要的理论意义,而且也具有显著的实践意义。

从理论发展的角度讲,研究经济增长质量是对经济增长理论的发展和完善。它是国际经济学界需要攻关的一个难题,是西方经济学中需要创新的领域,在理论上具有重要的创新意义。一个完整的经济增长的定义应该外在表现为总数量的扩张,而内在表现为质量的提高。对于经济增长问题不仅需要从经济增长数量的变动上进行研究,还需要从经济增长内在的过程和结果上进行考察。在经济增长理论发展的二百多年历史里,学者们主要以经济增长数量为研究对象,通过不断采用标准化、主流化的研究方法形成了系统的理论和实证研究成果(哈罗德,1939、1948;多马,1947;罗伯特·索洛,1956;斯旺,1956;凯斯,1965;库普曼斯,1965;阿罗,1962;谢辛斯基,1967;保罗·罗默,1986;罗伯特·卢卡斯,1988;雷贝多,1991),而对于经济增长质量的研究则相当匮乏,不仅缺少系统的理论研究框架,而且也没有相应的实证分析支撑,这也正是西方一些著名经济学家如巴罗、诺贝尔经济学奖获得者阿罗等正在积极探索的一个难题。因此,研究经济增长质量是对经济增长理论的一次发展和完善。

从经济现实的角度讲,研究经济增长质量对国民经济发展具有应用性。经济增长质量是世界范围内经济增长过程中所面临的一个突出问题,为此世界银行 2000 年研究报告《增长的质量》提出了这一问题研究的重要性。改革开放三十多年以来,中国总量经济保持了持续高速增长的态势,但与此同时,经济增长的结构、经济增长的稳定性、福利分配不平等以及资源环境代价等经济增长质量问题成为我国经济发展面对的主要矛盾,提高经济增长质量、转变经济增长方式成为我国经济发展的迫切需要。1978 年党的十一届三中全会中提出国民经济高速度地、稳定地向前发展,而在 20 世纪 80 年代的探索中逐步将速度与效益联系起来,1992 年党的十四大提出既有高速度又有较好效益的国民经济发展,即"又快又好"的发展,2005 年党的十六届三中全会提出实现又好又快的发展,将经济增长质量问题放在更为重要的位置之上。由政府工作重点的不断调整我们不难发现,在中国经济快速增长的过程中,也积累了不少的问题与矛盾,当前经济增长质量已经成为我国经济发展的关键内容,而现有研究成果又很少对这一问题进行系统的讨论。本书的研究将充分结合中国当前和未来发展的实际需要,对实践十七大所提出的"转变发展方式,实现国民经济又好又快的发展"具有重要的指导意义。

综上所述,无论是从发展经济增长理论的角度讲,还是从解决我国经济增长中存在问题的角度讲,系统地探讨经济增长质量问题都具有重大意义,对经济增长质量进行研究不仅是理论发展的需要,同样也是实践推进的需要。

第二节　研究思路与研究内容

研究思路:本书采用国际规范的逻辑实证主义分析方法,首先对经济增长质量的内涵与外延进行界定并构建经济增长质量分析的理论框架,然后建立度量经济增长质量的指数并对中国及各地区的经济增长质量状态进行综合评价。在此基础上,本书将分别从经济增长的结构、经济增长的稳定性、福利变化与成果分配、资源利用和生态环境代价四个维度来对经济增长质量问题进行理论阐释,并借助计量经济学中处理面板数据的相关工具以中国经济转型时期的省级面板数据为样本进行实证分析,由此得出中国经济增长质量的路径选择。

本书试图在继承和发展前人研究成果的基础上,从理论研究和实证分析两个方面来探讨经济增长质量问题。主要内容包括:

(1)经济增长质量的界定及其分析框架。从经济增长与经济发展的区别与联系入手,对经济增长质量的外延与内涵进行清晰界定,并在对经济增长质量分析与数量分析范式进行比较的基础上构建出经济增长质量分析的基本框架,采用归纳推理的方法提出有关经济增长质量的四条基本理论假说。

(2)中国经济增长质量的状态评价。在经济增长质量内涵基础上构建测度经济增长质量的指数,首先采用主成分分析法对我国1978~2007年整体的经济增长质量水平进行测度,考察中国经济增长质量的变动状态,然后运用同样的方法对中国各个地区的经济增长质量水平进行度量并对中国经济增长质量的区域差异进行研究。

(3)中国经济增长质量结构维度的分析。在结构经济学相关理论和方法的基础上,从经济增长质量的结构维度对中国经济转型三十年以来的经济增长质量问题进行理论研究与实证考察。

(4)中国经济增长质量稳定性维度的分析。在现有研究经济增长稳定性相关文献的基础上,从经济增长质量的稳定性维度对中国改革开放30年的经济增长质量进行理论解释与实证分析。

(5)中国经济增长质量福利分配维度的分析。以经济增长的成果分配作为分析的侧重点,从经济增长质量的福利分配维度对中国1978～2007 年经济增长的福利变化、成果分配与经济增长质量进行理论与实证研究。

(6)中国经济增长质量资源环境代价维度的分析。以经济增长的代价为最终落脚点,从经济增长质量的资源环境代价维度对中国改革开放 30 年以来的经济增长质量进行理论研究与实证考察。

(7)提高中国经济增长质量的路径选择。包括继续推进经济转型,不断调整和优化经济增长的结构,不断增强经济增长的稳定性,推动公平的经济增长,转变经济发展方式,重视地区经济增长质量的差距。

(8)提高中国经济增长质量的战略转变。包括从传统发展观向科学发展观转变,由物本战略向人本战略转变,由传统工业化向新型工业化转变。

(9)提高中国经济增长质量的政策取向。包括产业政策、金融政策、收入分配政策、资源环境政策以及财政政策的调整。

第三节　研究的方法

本书以经济增长理论和科学发展观为指导对中国经济转型期的经济增长质量问题进行深入研究,重点采用:

第一,统计分析方法。统计分析方法是以客观事物的数量关系和数量特征为基础进行数据收集、整理、归纳和分析的方法论,被广泛地运用于各个领域。本书运用统计分析方法对中国以及各个省市区的经济增长质量水平进行综合评价分析。

第二,归纳推理的方法。归纳推理和演绎推理是经济学研究中两种基本的推理方法。前者是从具体的现象或事实出发,经由综合和概括,去认识和把握社会经济活动及其一般规律;后者是从一些抽象的和简单的假定或公理出发,揭示社会经济活动的本质,把握其运动,再现其丰富的具体内容。归纳推理的一般过程是:首先对客观事实进行大量的自由观察,在此基础上进行归纳推理形成规律并进一步上升到一般理论,最后把规律和理论与观察事实进行比较,进行验证。经济增长质量属于一种规范性的价值判断,本书就是在对中国经济增长质量的状态进行观察和归纳推理之后得出了四条对于经济增长质量的基本理论假说。

第三,规范分析与实证分析相结合的方法。实证分析与规范分析是两种相互对应的判断分析方法,规范分析是一种"应该是论述",即它所研究的是"应该是什么"的问题,使用主观性的价值标准,体现人性、利益、目标、观念、主观条件等因素导向的原则。实证分析是一种"是论述"或"否论述",即研究"是什么"的问题,使用客观性的事实标准,体现的是科学性与现实性相符合的原则。本书采用规范分析的方法对经济增长质量的内涵进行界定并提出四条基本理论假说,在此基础上以中国经济转型30年的相关数据为样本进行实证分析,运用规范分析与实证分析相结合的方法对中国的经济增长质量问题进行理论解释与实证分析。

第四,比较分析的方法。比较分析是经济学常用的一种研究方法,它又具体分为纵向比较分析和横向比较分析。纵向比较分析是以时间为参照,比较某一对象或某一具体问题在不同时间所表现出的不同性质和特点。横向比较分析以空间或区域为参照系,比较某一对象或某一问题在不同国家或地区所表现出的相同性质和特点或不同性质和特点。本书在对我国1978~2007年整体经济增长质量水平进行测度的基础上运用纵向比较分析的方法对中国经济增长质量的变动状态以及趋势特征进行考察,并在对各个地区经济增长质量水平进行测度的基础上运用横向比较分析的方法对中国经济增长质量的区域差异进行研究。

需要强调的一点是以上分析方法在具体研究中会有不同体现,本书只是借鉴这些方法的思路,并没有详尽地涵盖它们的每一个步骤和各个具体方面。

第四节　拟创新之处

与现有经济增长质量的相关研究文献相比,本书的研究将主要有以下四个创新之处:

第一,以新经济增长理论为依据,结合当前世界各国尤其是中国经济发展的现状,对经济增长质量的外延与内涵进行明确地界定。经济增长质量属于一种规范性的价值判断,而且由于人类社会一直处于不断地变化发展之中使得这一范畴成为一个动态概念。因此,对于经济增长质量的内涵非常难以准确界定,现有文献对它的定义比较模糊而且往往具有很大的随意性,仅仅把经济增长质量看做是相对于经济增长数量而言的一个概念,但事实上并不是数量之外的所有因素都属于经济增长质量的内容。由于经济增长质量的外延没有得到清晰的界定,导致经济增长质量的内涵无法得以进行准确的定义。本书从经济增长与经济发展的区别与联系入手,首先明确了经济增长质量的外延,然后在此基础上对经济增长质量的内涵进行清晰界定。

第二,在主流经济学范式下构建一个系统的理论分析框架来研究经济增长质量问题。经济增长质量是一个非常广义的范畴,包含着丰富的内容,尽管许多学者已经从经济增长的结构、经济增长的稳定性、福利水平变动、资源环境代价等各个方面展开了相应的理论分析与实证研究,但这仅是从某一个单一视角研究了经济增长质量问题的一个侧面,而且所有分析的落脚点仍然是经济增长的数量,遵循的分析范式仍然是经济增长数量框架,对于经济增长质量问题目前还没有形成一个统一的理论分析框架。本书采用归纳推理的方法建立经济增长质量问题的分析框架,提出对于经济增长质量的四条基本理论假说,并以中国经济转型 30 年的相关数据为样本进行理论解释和实证分析。

第三,构造一个完整的经济增长质量指数来测度中国及各地区的经济增长质量。经济增长质量好坏的判断标准建立在对经济增长质量外延与内涵进行准确界定的基础上,由于现有文献并没有对经济增长质量进行明确界定,造成在此基础上构建的评价指标体系往往不够全面和客观,对一国经济增长质量的基本态势把握不够准确。而且现有研究只从全国总量层面上或者是单独以某一省区作为研究对象来进行经济增长质量水平的评价与判断,但却缺少对各地区经济增长质量状态的测度与差异的比较。本书在清晰界定经济增长质量外延与内涵的基础上构建测度经济增长质量的指数,对中国以及各地区 1978～2007年间经济增长质量的状态进行考察。

第四,依据中国省级面板数据对经济增长质量问题进行理论解释与实证分析。现有文献中对经济增长质量问题的研究主要集中于经济增长质量的内涵以及经济增长质量的测度等基础性问题的讨论上,目前还尚未形成对于经济增长质量的系统的分析框架。此外,由于经济增长质量的外延与内涵没有界定清楚,导致经济增长质量的量化出现困难,进一步造成对经济增长质量问题的实证分析很难实现。本书首先对经济增长质量的外延与内涵进行界定,并建立了经济增长质量的分析框架,然后在此基础上构建经济增长质量指数对中国以及各地区1978~2007年间经济增长质量水平进行度量,从而为经济增长质量问题的理论解释与实证分析奠定了所需的研究基础。基于此,笔者以中国经济转型期1978~2007年间28个省市区的面板数据为样本,对我国的经济增长质量问题进行理论解释与实证分析。

第五节　框架结构

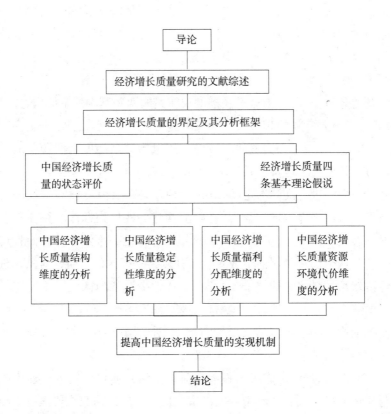

第一章 经济增长质量研究的
  文献综述

经济增长既有量的要求,又有质的规定性,是数量和质量的统一。在经济增长理论发展的二百多年历史里,一直把经济增长的数量问题当做是经济增长的全部内容,所有理论探讨的中心问题都是如何实现经济数量上的扩张,但是却很少讨论经济增长质量的提高。实践中出现的一系列问题,如结构失衡、贫富差距拉大、资源短缺以及环境污染等,使得一些研究者开始反思,把这种种问题也纳入经济增长的分析,而不再单纯以国民生产总值的提高作为研究对象,此时也就意味着对经济增长质量问题的研究正在展开。目前对于经济增长质量问题的研究主要集中于经济增长质量内涵的界定和经济增长质量的测度等这些基础性问题的讨论上,归纳起来主要有以下内容。

第一节 经济增长质量内涵的界定

对经济增长质量问题的研究建立在对其内涵的不同理解基础之上,如何对经济增长质量内涵进行界定直接决定了这一问题的研究视角、研究范围以及研究内容。经济增长质量属于一种规范性的价值判断,对其含义进行界定是一个仁者见仁、智者见智的问题。较早期的研究主要是从狭义上来定义经济增长质量,将其理解为经济增长的效率(如卡马耶夫,1983;王积业,2000;刘亚建,2002;沈利生、王恒,2005;康梅,2006),而近几年来被广泛认同的观点则是从更广义的视角上来界定经济增长质量的,研究认为它是相对于经济增长数量而言的一个范畴,具有非常丰富的内涵(如温诺·托马斯等,2001;Robert J. Barro,

2002;Patha Dasgupta,2002;彭德芬,2002;刘树成,2007)。

从狭义的经济增长质量来看,它是指资源要素投入比例、经济增长效果或经济增长的效率,也就是进行经济活动时所消耗和使用的要素投入与经济活动总成果之间的比较。对于一定时期的全部经济活动或一项经济活动而言,如果给定投入下的产出越多,或达到一定产出目标所使用的投入越少,就表明经济增长效率越高,经济增长质量越高。狭义经济增长质量的提高,体现的是经济增长方式的转变问题。卡马耶夫(1983)在政治经济学的范畴下讨论了经济增长的实质,认为只从增加经济增长数量的观点来分析经济增长问题是不够的,同时还应当看到我们是以什么样的代价来取得这一增长的,要在经济增长的速度与质量的互相联系中考察经济增长问题。他将经济增长质量理解为在发达社会主义条件下,在社会总产品的扩大再生产中,所使用资源的规模及其利用效率的变化。经济增长不只包含着对统一完整的国民经济综合体有代表性的经济过程,而且还取决于全部生产资源和非生产资源的利用效率。① 王积业(2000)认为经济增长过程是由生产要素积累和资源利用效率改进共同作用的结果。生产要素积累是指资本和劳动力在数量上的不断增加,构成经济增长实现数量扩张的主要源泉,而资源利用效率的改进是指资本、劳动等生产要素更加有效的使用,构成经济增长质量提高的主要源泉。决定经济增长的这两种因素既相互联系又相互区别,共生于经济增长的过程之中。在一定时期中由于这两种因素的作用力度不同,使得经济增长或是以数量扩张为主,或是以质量提高为主,从而相应形成粗放型和集约型两种形态。② 刘亚建(2002)认为经济增长速度反映的是经济增长的总量变动,而经济增长质量可以理解为效率的同义语,是指单位经济增长率所含有的剩余产品量,在单位经济增长率中投入的资金物资越少,就意味着经济增长质量越高。

---

① 〔苏〕B.D.卡马耶夫:《经济增长的速度和质量》,陈华山、左东官、何剑等译,湖北人民出版社1983年版,第19~32页。

② 王积业:《关于提高经济增长质量的宏观思考》,《宏观经济研究》2000年第1期,第11~17页。

在他看来,质量高的经济增长率即使只以中速增长,也能使国民财富明显增长;而质量低的经济增长率即使以很高的速度增长,其能满足的社会需要也不如高质量下的中速增长。[1]

从广义的经济增长质量来看,不同学者从不同的角度出发,对经济增长质量的内涵存在不同看法。温诺·托马斯等(2001)认为经济增长质量作为发展速度的补充,是指构成经济增长进程的关键性内容,比如机会的分配、环境的可持续性、全球性风险的管理以及治理结构,并从福利、教育机会、自然环境、资本市场抵御全球金融风险的能力以及腐败等角度对各个国家或地区的经济增长质量进行了比较。研究发现即使水平相近的经济增长率也会给人民的福利带来截然不同的结果,这说明过去的经济政策往往偏重于考虑增加实物资本的投资规模,而忽略了这仅仅是构成高质量增长的众多重要因素中的一项,其实同样重要的因素还包括对人力资本和社会资本的投资,以及对自然资源和环境资本的投资。[2] Robert J. Barro(2002)将经济增长质量看做是相对于经济增长数量而言的,也给予增长质量一种很宽泛的概念,认为经济发展是与经济增长数量紧密相关的经济方面的因素,而经济增长质量则是与经济增长数量紧密相关的社会、政治及宗教等方面的因素。经济发展从根本上反映了人均 GDP 的增长,其基本测度指标为人均 GDP 的对数、教育年限以及城市化率。而经济增长质量作为与经济增长紧密相关的社会、政治及宗教等方面的因素,具体包括受教育水平、预期寿命、健康状况、法律和秩序发展的程度以及收入水平等等。[3] 彭德芬(2002)认为经济增长质量范畴是相对于经济增长数量而言的一个动态概念,是指一个国家伴随着经济的数量增长在经济、社会和环境等方面所表现出的优劣程度,具体包括经济增长的持续性和稳定性、经济

---

①　刘亚建:《我国经济增长效率分析》,《思想战线》2002 年第 4 期,第 30～33 页。

②　[世界银行]温诺·托马斯等:《增长的质量》,增长的质量翻译组译,中国财经出版社 2001 年版,第 157～164 页。

③　Robert J. Barro:"Quantity and Quality of Economic Growth",*Working Papers from Central Bank of Chile*,2002,pp. 1 - 39.

结构状态、经济增长效率、居民生活以及生态环境等方面的内容。[①] 刘树成(2007)从广义上来界定经济增长质量,认为提高经济增长质量是指不断提高经济增长态势的稳定性,不断提高经济增长方式的可持续性,不断提高经济增长结构的协调性,不断提高经济增长效益的和谐性。他指出经济增长的数量与质量是一个有机统一的整体,经济增长质量与经济增长数量的持续性紧密相关。[②] 从广义来界定经济增长质量的研究文献,由于只是从经济增长数量视角出发,把除增长数量以外的各种因素都纳入到经济增长质量的范围之中,这就造成经济增长质量的外延无法得以确定。

第二节　经济增长质量的测度

经济增长质量的测度建立在经济增长质量内涵界定的基础上,与现有研究中两种内涵观点相对应形成两种测度思路:全要素生产率与综合评价指标体系。从狭义效率视角来理解经济增长质量的学者大多都采用全要素生产率的变化来度量经济增长质量,而全要素生产率的提高又常常被主要归因于技术进步。沈坤荣(1998)采用全要素生产率从三次产业、非国有经济和乡镇企业效率等视角对中国的经济增长质量进行考察,认为全要素生产率表示的是生产要素与产出之间的比例关系,其值较高就意味着同样单位的生产要素投入会带来较多的产出,从而经济增长质量就会比较高。[③] 郭庆旺、贾俊雪(2005)在分析比较全要素生产率四种估算方法的基础上对我国 1979～2004 年间的全要素生产率增长率进行估算,结果表明在 1993 年以前我国的全要素生产率增长率总体呈现出涨跌互现的波动情形且波动较为剧烈频繁,而 1993 年之后全要素生产率的增长率呈现出逐年下降的趋势,直到 2000

---

① 彭德芬:《经济增长质量研究》,华中师范大学出版社 2002 年版,第 8～22 页。

② 刘树成:《论又好又快发展》,《经济研究》2007 年第 6 期,第 4～13 页。

③ 沈坤荣:《中国经济增长绩效分析》,《经济理论与经济管理》1998 年第 1 期,第 28～33 页。

年这一状态才得以缓解,此后全要素生产率增长率总体呈现出逐年攀升的势头。[1] 刘亚军、倪树高(2006)使用全要素生产率来对浙江省的经济增长质量进行考察,在详细讨论 1978～2004 年浙江省经济增长的各个要素投入与经济增长之间关系的基础上,通过索洛模型测算出这一时期全要素生产率的增长及其对浙江省经济增长的贡献。[2] 俞安军、韩士专、张顺超(2007)将经济增长质量理解为投入要素的生产率,并利用 C—D 生产函数对中国 1981～2004 年的经济增长质量指数进行测算,结果表明我国的经济增长方式属于粗放型的增长方式。[3] 目前全要素生产率的估算方法主要有:代数指数法、索洛残差法、隐性变量法以及潜在产出法,其中潜在产出法可分为两类即随机前沿分析法与数据包络分析法(Malmquist 指数法)。现有各种方法对中国全要素生产率的估算基本表明:1978 年改革开放以来,中国的全要素生产率曾经存在着一个基本上升的状态,但 20 世纪 90 年代中期以后呈现出逐渐下降的趋势(Gary Jefferson 等,2000;胡鞍钢、郑京海,2004)。郑玉歆(2007)认为用全要素生产率来测度经济增长质量存在着一定的局限性,一方面用全要素生产率评价经济增长质量时,由于没有考虑要素的长期影响,以及数据的局限性,可能会产生较大的偏差;另一方面提高经济增长质量的一个核心问题是实现资源的有效配置,而全要素生产率的增长并不能保证资源的有效配置。[4] 康梅(2006)也认为将体现在生产资料中的技术进步隐含地放在全要素生产率中度量的方法不能很好地对经济增长质量做出评价,对于以引进技术为主的发展中国家,由于所引进的技术直接体现在其生产资料中,这就导致技术进步的部分作用被当做投入要素从产出增长率中扣除,从而难以真实反映技术进步对经济增长的作

---

[1]　郭庆旺、贾俊雪:《中国全要素生产率的估算:1979～2004》,《经济研究》2005 年第 6 期,第 51～60 页。

[2]　刘亚军、倪树高:《基于全要素生产率的浙江省经济增长质量分析》,《浙江社会科学》2006 年第 6 期,第 48～53 页。

[3]　俞安军、韩士专、张顺超:《利用 C—D 函数测算中国经济增长的质量及方式》,《统计与决策》2007 年第 24 期,第 48～49 页。

[4]　郑玉歆:《全要素生产率的再认识——用 TFP 分析经济增长质量存在的若干局限》,《数量经济技术经济研究》2007 年第 9 期,第 3～11 页。

用。他将经济增长的三因素划分为规模增长、硬技术进步和软技术进步，并在此基础上提出投资增长模式下经济增长质量的评价方法。①

如果从广义视角来理解经济增长质量，则相应对经济增长质量的测度是通过一个综合的评价指标体系来实现。有学者从广义经济增长质量视角提出了对其进行评价的基本思路，杨长友（2000）把测度经济增长质量的指标体系归结为经济福利、激励机制、技术创新、供求结构、增长率利润率生产效率、稳定性六大具体形象的向度，但是他的研究主要是对经济增长质的规定性进行论述，并没有对经济增长量的规定性做出精确的分析。② 有部分学者在广义经济增长质量定义的基础上建立了具体的经济增长质量评估体系。李周为、钟文余（1999）从经济增长集约化水平的测度指标和反映经济增长方式转变的源泉与机制的评价指标体系两个层面构建了经济增长方式与增长质量的测度评价指标体系，其中集约化指数包括劳动集约化指数、能源集约化指数、投资集约化指数、贷款集约化指数、工业集约化指数和经济增长集约化指数，而增长方式转变的源泉与机制指标体系包括经济结构优化水平、规模经济水平、科技进步水平、市场化水平和可持续发展水平。③ 钟学义等（2001）把衡量经济增长质量的指标概括为三个方面：反映经济增长效率的指标（包括全要素生产率对经济增长的贡献率、投入产出率、劳动生产率及其增长率、资本生产率、物耗指标、能耗指标等），反映经济增长是否稳定、健康的指标（包括经济波动情况、通货膨胀率就业状况、环境污染指标等），以及反映经济结构及其变动的指标（包括产业结构、贸易结构、劳动力结构、地区经济结构等）。④ 樊元、杨立勋（2002）认为经

---

① 康梅：《投资增长模式下经济增长因素分解与经济增长质量》，《数量经济技术经济研究》2006 年第 2 期，第 153～160 页。

② 杨长友：《测评经济增长质量的六大向度》，《福建论坛》2000 年第 1 期，第 33～35 页。

③ 李周为、钟文余：《经济增长方式与增长质量测度评价指标体系研究》，《中国软科学》1999 年第 6 期，第 37～42 页。

④ 钟学义等：《增长方式转变与增长质量提高》，经济管理出版社 2001 年版，第 5～6 页。

济增长质量是一个相对的概念,经济增长的内在质量包括要素质量、结果质量、效果质量和条件质量四方面内容,所以用来衡量经济增长质量的指标体系应该分为反映经济增长要素质量的指标体系、反映经济增长结果质量的指标体系、反映经济增长效果质量的指标体系以及反映经济增长条件质量的指标体系四大类。[①] 李变花(2004)在对现行经济增长统计指标进行修订的基础上构建了经济增长质量的综合评价指标体系,具体包括经济增长水平指标、经济效益综合指标体系、经济结构指标体系、技术进步指标体系、环境保护指标体系、竞争能力指标体系、人民生活指标体系、经济稳定性指标八个方面。[②] 单晓娅、陈森良(2001)认为经济增长质量属于工作质量范畴,将其定义为一定时期内一国或地区实现产品总量增长的活动中在过程、方式、途径、效果等方面所表现出的优劣程度,并从经济效益提高、经济结构优化、科学技术进步、环境资源保护、竞争能力增强、人民生活改善、经济运行稳定7个方面设计出由7个二级指标体系、19项三级指标组成的经济增长质量综合评价指标体系。[③]

除此之外,还有学者在建立经济增长质量综合评价指标体系的基础之上,对我国的经济增长质量状态进行度量,一般而言这样的评价体系往往会更具有可操作性。李岳平(2001)认为经济增长质量是指经济增长能够长期稳定协调的发展,是一种具有潜力的高效率的增长,他从经济增长的稳定性、技术进步的贡献、经济效益、经济结构、居民生活和经济增长的代价六个方面构建出经济增长质量的综合评价指标体系,并利用因子分析法对我国1978~1999年间的经济增长质量进行测度。[④] 彭德芬(2002)将经济增长质量的综合评价指标体系分为经济运

[①] 樊元、杨立勋:《关于经济增长质量统计的若干理论问题》,《西北师大学报》2002年第2期,第111~114页。

[②] 李变花:《经济增长质量指标体系的设置》,《理论新探》2004年第1期,第25~27页。

[③] 单晓娅、陈森良:《经济增长质量综合评价指标体系设计》,《贵州财经学院学报》2001年第6期,第39~41页。

[④] 李岳平:《经济增长质量评估体系及实证分析》,《江苏统计》2001年第5期,第19~22页。

行质量、居民生活质量、生存环境质量三个层次,共计 70 个指标,并利用因子分析法对我国 1978～1999 年间的经济增长质量水平进行定量分析。[1] 肖红叶、李腊生(1998)从经济增长的稳定性、协调性、持续性和增长潜能四个方面对我国的经济增长质量进行了统计测度,认为我国的经济增长质量状态总体上来看是趋于好转的,其中增长质量的提高突出表现在稳定性与持续性方面,但这与发达国家和新兴工业国家的水平仍存在明显的差距。[2] 单薇(2003)从经济增长的稳定性、协调性、持续性和潜力四个方面建立经济增长质量的综合评价指标体系,并采用熵的评价理论对 1995～2000 年我国的经济增长质量进行了考察,研究结果发现 1999 年我国的经济增长质量水平较高,资源配置率的大小直接影响到经济增长质量的水平。[3] 徐辉、杨志辉(2005)也从经济增长的稳定性、协调性、持续性和增长潜力四个方面来建立经济增长质量的评价指标体系,但他们采用了密切值法得出我国 1995～2003 年经济增长质量的评价结果。[4] 赵英才、张纯洪、刘海英(2006)从三个层次界定了经济增长质量的理论内涵,即它体现了经济系统的投入产出效率、最终产品或服务的质量、环境和生存质量,并在此基础上分别从产出效率、产出消耗、产品质量、经济运行质量和生存环境质量五个不同方面 17 个指标构造了经济增长质量评价指标体系采用相对指数法对我国转轨以来的经济增长质量进行综合评价。[5] 刘海英、张纯洪(2006)认为经济增长不仅表现为经济规模的数量扩张,还表现为增长质量的提高,是数量扩张与质量提高的统一,中国经济增长质量的内涵体现了经济系统的投入产出效率、经济增长成本、资源消耗和环境保护

---

① 彭德芬:《经济增长质量研究》,华中师范大学出版社 2002 年版,第 8～22 页。

② 肖红叶、李腊生:《我国经济增长质量的实证分析》,《统计研究》1998 年第 4 期,第 8～14 页。

③ 单薇:《基于熵的经济增长质量综合评价》,《数学的实践与认识》2003 年第 10 期,第 49～54 页。

④ 徐辉、杨志辉:《密切值模型在经济增长质量综合评价计算中的应用》,《理论新探》2005 年第 12 期,第 22～23 页。

⑤ 赵英才、张纯洪、刘海英:《转轨以来中国经济增长质量的综合评价研究》,《吉林大学社会科学学报》2006 年第 3 期,第 27～35 页。

等多个方面。在此基础上,他们设定了反映中国经济增长质量的 14 个指标变量,构造了中国经济增长质量的评价指标体系,并采用因子分析法对转轨以来中国经济增长质量进行定量分析。[①] 马建新、申世军(2007)认为经济增长质量的内涵体现了经济系统的发展水平、经济效益、增长潜能、稳定性、环境质量成本、竞争能力、人民生活等多个方面,在此基础上建立了由 15 个指标变量构成的经济增长质量的评价指标体系,并运用因子分析法对 1990～2005 年中国的经济增长质量水平进行测度。[②] 李延军、金浩(2007)在分析经济增长稳定性和持续性的基础上,运用因子分析技术,从经济结构、经济增长效率和经济增长质量三个方面对河北省 1978～2004 年的经济增长质量状况进行了定量考察。[③] 申世军、邬凯生(2007)将经济增长质量理解为一个经济体在经济效益、经济潜力、经济增长方式、社会效益、环境等诸多品质方面表现出的与经济数量扩张路径的一致性、协调性,在此基础上他们从经济运行质量、经济运行结构、经济运行效益、经济增长的潜力、经济竞争能力、人民生活状况和社会保障七个方面构建了经济增长质量的综合评价指标体系,对广东省和山东省的经济增长质量水平进行了测度。[④]

“质量”属于一种价值判断,而效率只是评判标准的一个方面。因此,对于经济增长质量内涵的界定应当从更广义的角度进行,由此相应的经济增长质量的测度也应当采用综合的评价指标体系。综合评价指标体系建立在对广义经济增长质量外延与内涵清晰界定的基础上,由于现有文献只是从经济增长数量视角出发,把除增长数量以外的各种因素都纳入到经济增长质量的范围之中,这就造成经济增长质量的外延无

---

① 刘海英、张纯洪:《中国经济增长质量提高和规模扩张的非一致性实证研究》,《经济科学》2006 年第 2 期,第 13～22 页。

② 马建新、申世军:《中国经济增长质量问题的初步研究》,《财经问题研究》2007 年第 3 期,第 18～23 页。

③ 李延军、金浩:《经济增长质量与效益评价研究》,《工业技术经济》2007 年第 2 期,第 73～76 页。

④ 申世军、邬凯生:《广东省山东省经济增长质量研究》,《工业技术经济》2007 年第 3 期,第 64～68 页。

法得以确定,由此相应的度量也就无法进一步展开。如何对经济增长质量进行度量的真正困难也就在于我们无法区分什么是经济增长质量的内容,而什么不是。由于经济增长质量的外延无法得以确定导致经济增长质量综合评价指标体系的构建缺乏一个统一明确的标准,因此现有文献中对经济增长质量测度指标的选择具有很大的随意性,这使得对中国经济增长质量水平的测度结果也就存在着一定程度的偏差。

第三节　经济增长数量与经济增长质量

对于经济增长数量与经济增长质量之间的关系,现有研究主要是从经济增长质量的某一个维度出发来探讨两者之间的相关关系。一些学者从结构优化的角度来分析经济增长问题(如 Chenery,1960;L. L. Pasinetti,1981;Beason 和 Weinstein,1996),一些学者从经济波动的视角来考察经济增长的过程(如 Aghion 和 Howitt,1992;Ramey 和 Ramey,1995;Barro,1996;Turnovsky 和 Chattopadhyay,2003),一些学者从收入分配入手来探讨经济增长的结果问题(如 Murphy,Shleifer 和 Vishny,1989;Galor 和 Zeira,1993;Persson 和 Tabellini,1994;Alesina 和 Perotti,1996;Barro,2000),一些学者从资源环境方面来研究经济增长的代价(如 Donella H. Meadows,1972;Donella H. Meadows,2004;Scholz 和 Ziemes,1996;Schou,2000;Grimaud 和 Rouge,2003)。Barro(2002)利用跨国数据对经济增长数量与经济增长质量的关系进行了研究,通过经验验证得出:经济增长总会伴随有生活水平的提高,而生活水平的提高又往往伴随着民主政治的扩大、法律规则维护的增加以及官员腐败的减少。虽然有库兹涅茨曲线的存在,但是收入不公平略微的改善可以被整体经济发展水平所解释。用谋杀率来代替的犯罪率与发展水平相关性不大,但是其与收入不公平却有着非常密切的联系。在经济增长的同时明显伴随有去教堂人数的减少和宗教信仰程度的降低,但是在经济增长其他指标固定不变的情况下,宗教信仰一定与教育有关。这些研究不管是理论分析的成果还是经验验证的结论都只研究了经济增长质量的一个方面,但却没有完整地给出经济增长质量问题的全貌。[1]

一、经济增长的结构

以罗斯托为代表的结构主义经济增长理论将结构因素纳入对经济增长的研究之中,从理论上阐明了结构变化是影响经济增长的重要变量之一。在西方发达国家,经济增长的结构集中反映在产业结构上,因此国外学者主要从产业结构上来研究结构变化与经济增长之间的关系。Chenery(1960)在新古典增长公式中加入结构变量,从分析部门增长的决定要素出发以 51 个国家的经验数据为样本考察了能使资源得到最优配置的产业结构,研究了产业结构变动与经济增长数量之间的关系。[2] 之后许多研究者使用国别的经验数据从不同角度来验证这一结论(Sacks,1972;Ueno,1972;Lee,1981;Beason 和 Weinstein,1996)。Denison(1967)以美国 1929～1957 年相关数据为样本进行分析后发现美国经济增长的 12% 是由结构优化产生的。[3] Kuznets(1971)通过对美国 1948～1966 年间相关数据进行长期趋势分析和截面分析后得出美国生产率的提高有 10% 是由结构变化引起的。[4] 由于这些研究在新古典公式中加入的结构变量没有涵盖了全部的结构因素,所以就无法全面估算结构变量对经济增长的影响,而且大多数的研究只是进行了统计层面的验证而已。

中国的经济增长及经济结构演进具有非常强的历史特殊性,经济增长的结构不仅包括产业结构,而且还反映在投资消费结构、城乡二元结构、所有制结构等方面,因此我国学者对于这一问题的研究主要集中

---

[1] Robert J. Barro:"Quantity and Quality of Economic Growth",*Working Papers from Central Bank of Chile*,2002,pp. 1 - 39.

[2] Holli B. Chenery:"Patterns of Industrial Growth",*American Economic Review*,50,1960,pp. 624 - 654.

[3] Denison,Edward F:Accounting for United States Economic Growth 1929 - 1969,Brookings Institution,1974.

[4] Kuznets,S:Economic Growth of Nations:Total Output and Production Structure,Harvard,Cambridge,Mass,1971.

于对我国经济增长结构的基本状态进行测度以及从各个视角对经济增长结构与经济增长数量之间的关系进行检验。夏明(2002)运用结构分解分析方法从定量角度考察了1981～1997年中国经济增长结构转变的基本状态,研究结果表明这一阶段我国的经济增长主要是依靠第二产业的发展,其中在1981～1990年间轻工业增长的作用较明显,而在1990～1997年间重工业增长的作用更显著。[①] 高帆(2007)认为测度二元经济结构最常用的指标,如比较劳动生产率、二元反差指数和二元对比系数等,无法涵盖二元经济结构部门劳动生产力差异和劳动力配置结构这两个因素,基于此,他在刘易斯—费景汉—拉尼斯模型的基础上构建了一个综合二元反差指数,来测度1978～2005年中国各地区二元经济结构转化的基本态势,结果显示1978～1986年间各地区二元经济结构的强度呈现下降趋势,1987～1996年间处于基本稳定的状态,而1997～2005年间却开始出现分化,部分地区的综合二元反差指数不仅没下降反而显示出上升的趋势,二元经济结构出现不断强化的倾向。[②] 项俊波(2008)在结构经济学理论的指导下,构建了测度经济结构失衡的指标体系,并对1992～2007年间中国的经济结构失衡程度进行了测度,研究结果显示中国经济结构失衡程度总体上呈现出不断加剧的趋势。[③]

研究中国经济增长结构与经济增长之间关系的文献主要是从产业结构角度来研究结构变动与经济增长的关系。乔根森、李京文等(1993)采用超越对数生产函数分别从总量层面与产业层次上对中国、美国的生产率进行了研究,将中间投入增长率对经济增长的贡献分解为末加权指数增长的贡献和中间投入质量增长的贡献,以此来反映结

---

① 夏明:《转轨以来中国经济结构转变的实证分析》,《统计研究》2002年第2期,第16～18页。

② 高帆:《中国各省区二元经济结构转化的同步性:一个实证研究——兼论地区经济结构转变与经济增长差距的关联性》,《管理世界》2007年第9期,第27～36页。

③ 项俊波:《中国经济结构失衡的测度与分析》,《管理世界》2008年第9期,第1～11页。

构变动与经济增长之间的关系。[①] 周振华(1995)以现代经济增长为分析背景,分别从产业结构机理、结构关联效应、结构成长效应、结构弹性效应和结构开放效应五个方面对产业结构与经济增长的关系进行了研究。[②] 郭克莎(1996)对中国经济转型期的结构变动与经济增长的关系进行了考察,认为全要素生产率贡献率的不断上升是经济高速增长的基础,是经济增长过程优化的保证。[③] 邵宜航、刘雅南(2007)通过拓展相关理论模型构建了一个包括两个代表性个体且充分考虑了劳动力转移成本和政府投入的二元经济增长模型,从理论上探讨了我国结构转变与经济增长之间的关系。[④] 吕铁、周叔莲(1999)通过对产业结构与经济增长之间的关系进行实证研究发现,我国改革开放以来三次产业的资源再配置效应年平均增长率为 0.30%,对经济增长的贡献为3.04%。[⑤] 刘伟、李绍荣(2002)从产业结构对中国经济增长的贡献以及产业结构对经济规模和要素效率的影响两个方面进行了实证研究,结果显示中国经济的增长主要是由第三产业拉动的,但第三产业的结构扩张会降低第一产业和第二产业对经济规模的正效应。[⑥] 石磊、高帆(2006)从区域差异的角度,以中国 31 个省市区 1978～2004 年的相关数据为样本对经济结构转变在经济增长中的关键作用进行了实证研究,他们认为第二、第三产业的发展差距对地区经济差距的解释力要远

[①]　李京文、D·乔根森等:《生产率与中美日经济增长研究》,中国社会科学出版社1993 年版。

[②]　周振华:《现代经济增长中的结构效应》,上海三联书店、上海人民出版社 1995年版。

[③]　郭克莎:《中国:改革中的经济增长与结构变动》,上海三联书店、上海人民出版社 1996 年版。

[④]　邵宜航、刘雅南:《二元经济的结构转变与增长分析》,《数量经济技术经济研究》2007 年第 10 期,第 3～13 页。

[⑤]　吕铁、周叔莲:《中国的产业结构升级与经济增长方式转变》,《管理世界》1999年第 1 期,第 113～125 页。

[⑥]　刘伟、李绍荣:《产业结构与经济增长》,《中国工业经济》2002 年第 5 期,第 14～21 页。

远高于第一产业。[①] 雷钦礼(2007)在对 Feder 非均衡经济增长模型进行拓展的基础上,对中国 1978～2005 年间产业结构与经济增长数量的关系进行实证分析,结果发现结构转变合计贡献增长率达 7.94%。[②]

一部分学者从投资消费结构角度研究了结构变动与经济增长的关系。李斌(2004)运用古典的内生经济发展思想对中国改革开放以来的投资、消费与经济内生演进机制在中国的运行状况进行了考察,结果显示,经济转型期中国的经济增长以 20 世纪 90 年代中期为分界点明显地表现为两个阶段,在第一个阶段原有体制所蕴涵的投资与消费的潜在冲动被逐渐释放,但是由于投资与消费的改革进程并不是平衡的,使得经济的自我演进机制并未能良性运转起来,从而导致各种累积的矛盾逐渐暴露出来;在第二阶段原有增长模式的潜力已经基本得到释放,受供给方以及投资消费等因素变化冲击的影响,经济演进机制的运行变化产生紊乱,造成供给创造需求的能力不足。[③] 周华林(2005)通过对 1978～2003 年中国投资消费与经济增长关系的考察发现,投资和消费的协调发展与经济增长之间存在着密切的关系,只有保持投资和消费的适当发展比例才能促进经济的发展。[④] 贺铿(2006)通过历史比较和国际比较的方法对中国投资消费结构与经济增长之间的关系进行研究,并在此基础上探讨能促进经济增长的投资与消费之间的合理比例。[⑤]

还有一部分学者将城乡二元结构、所有制结构等内容也纳入结构变动与经济增长关系的分析中。葛新元等(2000)在总结前人对经济增长要素分析的基础上,提出了一种衡量经济结构变化对经济增长贡献的定量分析方法,并结合中国 1952～1997 年的相关数据对产业结构和

---

① 石磊、高帆:《地区经济差距:一个基于经济结构转变的实证研究》,《管理世界》2006 年第 5 期,第 35～44 页。

② 雷钦礼:《中国经济结构的演化及其增长效益的测度分析》,《统计研究》2007 年第 11 期,第 9～14 页。

③ 李斌:《投资、消费与中国经济的内生增长:古典角度的实证分析》,《管理世界》2004 年第 9 期,第 13～23 页。

④ 周华林:《投资、消费协调发展与经济增长》,《经济前沿》2005 年第 1 期,第 12～15 页。

⑤ 贺铿:《中国投资、消费比例与经济发展政策》,《数量经济技术经济研究》2006 年第 5 期,第 3～10 页。

所有制结构的变化对中国经济增长的贡献进行测算。[1] 刘伟、李绍荣（2001）分别从理论和实证两个层面对中国改革开放以来所有制结构变化对经济增长的影响进行研究，认为所有制结构的改变和产业结构的变化对中国经济的影响是不同的，产业结构的变化主要是影响经济的生产规模，而所有制结构的改变主要是影响生产要素的生产效率。[2] 刘伟（2003）、赵农华（2004）分别对北京市和上海市的经济结构变迁与经济增长的关系进行了计量分析，并得出了产业结构、所有制结构对经济增长的贡献率。[3] 杨天宇、袁江（2005）将产业结构、所有制结构、城乡二元结构三个变量同时纳入计量模型中，来测算这些变量的协同变动对经济数量增长的贡献。[4] 刘伟、李绍荣（2005）以我国经济转型期为背景，把经济结构的演变作为经济质态变化的根本，把经济增长作为经济发展的量态体现，进而把结构变动作为推动经济增长的重要因素，从经济结构变动的角度，对中国制度结构变化、产业结构演进与经济增长进行了理论阐释和实证分析。[5] 而谢健（2003）则是从区域的角度来考察经济结构变动与经济增长的关系，在理论分析的基础上对我国各省市区产业结构、城乡结构、所有制结构与经济增长数量的关系进行了实证研究，得出产业结构的变动是影响我国区域经济增长的主要因素，城市化进程与区域经济发展水平是相适应的，民营经济发展的差异性将在较大程度上影响区域经济的发展。[6]

　　由此可见，国外对经济增长结构与经济增长关系的相关研究文献

---

　　[1]　葛新元、王大辉、袁强、方福康：《中国经济结构变化对经济增长的贡献的计量分析》，《北京师范大学学报》2000 年第 1 期，第 43～48 页。

　　[2]　刘伟、李绍荣：《所有制变化与经济增长和要素效率提升》，《经济研究》2001 年第 1 期，第 3～9 页。

　　[3]　刘伟等：《北京市经济结构分析》，《中国工业经济》2003 年第 1 期，第 23～30 页。赵农华：《上海经济结构调整的实证分析：1990～2003》，《经济理论与经济管理》2004 年第 7 期，第 65～69 页。

　　[4]　杨天宇、袁江：《中国经济结构变迁影响经济增长的实证研究》，《探索》2005 年第 5 期，第 71～74 页。

　　[5]　刘伟、李绍荣：《转轨中的经济增长与经济结构》，中国发展出版社 2005 年版。

　　[6]　谢健：《经济结构的变动与区域经济的差异分析》，《中国工业经济》2003 年第 11 期，第 78～84 页。

主要是从产业结构上来研究结构变动与经济增长数量之间的关系,而我国学者对于这一问题的研究则分别从产业结构、投资消费结构、城乡二元结构、所有制结构等方面进行分析,主要集中于对我国经济增长结构的基本状态进行测度以及从各个视角对经济增长结构与经济增长数量之间的关系进行检验。

二、经济增长的稳定性

对经济增长稳定性与经济增长数量之间关系的研究主要集中于产出波动以及价格波动两个视角之下。对实际经济与名义经济规模和变化的指标之间的关联性和影响性的判断,特别是宏观经济变量水平值与其波动性之间影响方式的研究,一直是宏观经济学讨论的核心问题。在研究的初级阶段,经济增长理论与经济周期理论之间存在着一定程度的分离,其中经济增长理论主要研究长期经济增长的趋势和经济增长的形成原因,一般假定短期波动对长期趋势不产生显著的影响,而经济周期理论则主要研究经济周期波动模式和经济波动对社会福利水平的影响,在研究时一般认为潜在增长趋势是已经确定的。Solow(1957)构建的古典经济增长模型和 Plosser(1989)建立的实际经济周期模型促进了经济增长理论和经济周期理论之间的交融。King,Plosser 和 Rebelo(1988)将经济增长引入实际经济周期(RBC)模型中,很好地把长期增长与短期波动结合在一起,从而为研究经济增长与短期波动提供了一个统一的理论框架,可是该模型的缺陷在于它只是研究了经济增长对经济波动的影响,但不能解释经济波动对经济增长的影响。确定性方法同时研究了经济增长与经济波动之间的相互作用,主要经历了传统的外生经济增长理论与内生经济增长理论两个阶段。内生经济增长模型是研究经济增长与经济波动之间相互影响最理想的理论框架,其开创性文献 Aghion 和 Howitt(1992)把熊彼特的 creative destruction 思想引入内生增长模型,得出经济波动是经济长期持续增长的必要条件,短期波动对长期增长具有明显的促进作用。

从产出波动的实证研究文献来看,主要形成了两种截然不同的观点:(1)经济波动与经济增长正相关。Black(1987)的实证研究结果显示经济波动性与经济增长水平两者之间存在着稳定的正相关关系,这种判断被称为"Black 假说"(Caporale 和 McKiernan,1998)。[1] 如果"Black 假说"成立,就意味着适度的经济周期波动有助于保持快速的经济增长,那么经济周期中积极的经济政策干预就不仅是有效的,而且还具有正的增长效益。Kormendi 和 Meguire(1985)以 47 个国家的横截面数据为样本进行实证研究发现,经济增长与经济波动之间存在着显著的正向关系,平均而言,经济波动上升 2 个单位标准差会使得产出增长上升一个百分点。[2] Grier 和 Tullock(1989)以 113 个国家的面板数据为样本,通过控制其他变量的作用后发现,经济增长率的波动性与增长率之间存在着显著的正相关。[3] Caporale 和 McKiernan(1996)采用 GARCH—M 模型以英国 1948~1991 年的月度数据为样本进行经验分析发现,英国在这一期间产出波动对其增长具有显著的溢出效应。[4] (2)经济波动与经济增长负相关。Bernanke(1983)等人经过实证研究发现经济波动性与经济增长水平之间存在着负相关性,这意味着频繁和剧烈的经济波动性会对经济增长水平带来负面影响,期限结构较长的积极政策干预将会在一定程度上妨碍市场的有效运行。[5] Ramey 和 Ramey(1995)的实证研究结果显示产出增长率的平均值与其波动率呈反向关系。[6] Barro(1996)的研究进一步证实了经济波动性以及经济中其他形式的不确定性(特别是体现在通货膨胀率变动中

① Black F:*Business Cycles and Equilibrium* ,New York:Basil Blackwell,1987.

② Kormendi R,Meguire P. :"Macroeconomic Determinants of Growth:Cross-country evidence",*Journal of Monetary Economics* ,Vol. 16 ,No. 4, 1985,pp. 141 - 163.

③ Grier K,and Tullock G. :" An empirical analysis of Cross-national Economic Growth 1951 - 1980",*Journal of Monetary Economics* ,Vol. 24,No. 2,1989,pp. 259 - 276.

④ Caporale T,McKiernan B. :"The Relationship between Output Variability and Growth:Evidence from post-war UK data", *Scottish Journal of Political Economy* , Vol. 43,No. 2,1996,pp. 175 - 184.

⑤ Ben S. Bernanke. :"Irreversibility, Uncertainty and Cyclical Investmen", *Quarterly Journal of Economics* ,Vol. 98,No. 1,1983,pp. 85 - 106.

⑥ Ramey G, V A Ramey. :"Cross-country Evidence on the Link between Volatility and Growth", *American Economic Review* ,Vol. 85, No. 5,1995, pp. 1138 - 1151.

的价格水平变化的不确定性)对经济增长率水平具有负的增长效应,认为当经济波动性超出一定的界限以后,经济波动所导致的经济增长率降低风险(向下风险)将急剧增加,由此可得经济波动性与增长率之间的反向影响在传导过程中具有非线性和非对称性。[1] Fatas(2000)将经济波动的高持续性与经济增长率相联系并引入经济波动的不对称性,以 98 个国家的横截面数据为样本进行实证研究发现经济周期的波动率与经济增长率之间呈负相关关系。[2] Turnovsky 和 Chattopadhyay(2003)以 61 个发展中国家的相关数据为样本研究了发展中国家在资本市场不完备的情况下,经济波动率对经济增长率的影响,实证结果表明经济波动对经济增长确实存在负向的影响。[3]

以上实证研究文献主要采用了从多个国家增长过程中选取的截面数据,而并非是单一国家的时间序列数据,这种横截面数据分析方法会使得主要变量不易控制,所得分析结果在特定时点、特定国家的作用非常有限,检验结果缺乏对具体经济增长模式的针对性。因此,关于经济波动与经济增长之间的作用关系的检验应该在具体国家的经济增长过程中进行。刘树成(2000)系统地考察了 1978 年改革开放以来我国经济增长轨迹中所体现的波动性特征,研究结果认为“大起大落”类型的波动对经济增长水平具有一定的妨碍作用,当前我国的经济增长已经开始逐渐呈现出“缓起缓降”的平稳态势。[4] 刘金全、范剑青(2001)描述和检验了我国经济周期波动的非对称性模式,经过分析发现随着经济周期非对称性程度和深度的不断降低,我国经济增长已经进入了平稳增长阶段,

---

① Barro, R. J. : "Inflation and Growth", *Federal Reserve Bank of St. Louis Review*, 1996, p. 78.

② Fatas, Antonio. : "Do Business Cycles Cast Long Shadows? Short-Run Persistence and Economic Growth", *Journal of Economic Growth*, Vol. 5, No. 2, 2000, pp. 147 - 162.

③ Turnovsky, S. J. and P. Chattopadhyay. : "Volatility and Growth in Developing Economies : Some Numerical Results and Empirical Evidence", *Journal of International Economics*, Vol. 59, No. 2, 2003, pp. 267 - 295.

④ 刘树成:《论中国经济增长与波动的新态势》,《中国社会科学》2000 年第 1 期,第 114～122 页。

经济增长稳定性的增强可能是导致这一阶段增长率水平降低的潜在原因。[①] 刘金全、张海燕(2003)检验了经济扩张和收缩对经济增长水平的滞后作用,研究结果发现我国经济增长过程中具有一定程度的"反弹效应",当经济收缩累积到一定程度之后会对经济增长水平带来促进作用,这意味着经济周期波动具有产生"增长效应"的可能性。[②] 刘金全、付一婷、王勇(2005)对我国产出增长率中的条件波动性进行检验,并研究了增长率波动性和经济增长率水平之间交互影响的动态传导路径,结果表明,我国的经济波动性和经济增长率水平之间具有正向的"溢出效应",经济周期波动性与经济增长趋势两者之间具有正相关性。[③]

从价格波动的相关研究文献来看,围绕通货膨胀与经济增长之间的关系也形成两种截然不同的观点。一些研究者倡导低通货膨胀的经济环境,认为通货膨胀会阻碍经济增长。Alexander(1997)在考虑了净资本存量和劳动力增量等生产要素的经济增长方程基础上进行实证分析发现,通货膨胀率的系数为负,对经济增长率具有负的边际作用。[④] Barro(1996)在回归方程中引入了经济增长的收敛趋势和人力资本的作用,得出的结论认为保持低通货膨胀不仅有利于提高经济增长率,而且"低通货膨胀和高增长"的组合具有更高的社会福利水平和资源配置效率。还有一部分研究者并不支持以上观点,他们认为较低的通货膨胀并不能促进经济增长。[⑤] Stanners(1996)通过对不同国家截面数据的实证分析发现,一些通货膨胀率较低的国家并没有出现超出自然率水平的快速增长,而且以日本经济为代表的一些国家在 20 世纪 90 年

---

①　刘金全、范剑青:《中国经济周期的非对称性和相关性研究》,《经济研究》2001年第 5 期,第 28～37 页。

②　刘金全、张海燕:《经济周期态势与条件波动性的非对称性关联分析》,《管理世界》2003 年第 9 期,第 18～26 页。

③　刘金全、付一婷、王勇:《我国经济增长趋势与经济周期波动性之间的作用机制检验》,《管理世界》2005 年第 4 期,第 5～11 页。

④　Alexander, R. J. : "Inflation and Economic Growth: Evidence from a Growth Equation", *Applied Economics*, 1997, p. 29.

⑤　Barro, R. J. : "Inflation and Growth", *Federal Reserve Bank of St. Louis Review*, 1996, p. 78.

代甚至出现了低通货膨胀下的经济持续萧条。① 对于我国经济增长与通货膨胀之间的影响关系问题,刘金全、谢卫东(2003)通过对中国1990年1月~2001年12月实际增长率与通货膨胀率的月度数据进行检验发现,适度的通货膨胀率有助于经济保持快速增长。②

由此可见,现有对经济增长稳定性与经济增长关系的相关研究文献主要是从经济增长的数量角度着重研究了产出波动和价格波动与经济增长率之间的关系。从产出波动的相关研究文献来看,学者们根据不同的理论、方法与数据围绕经济波动与经济增长之间的关系进行研究,得出了截然不同的两种观点,即经济波动有利于经济增长和经济波动不利于经济增长。从价格波动的相关研究文献来看,围绕着通货膨胀与经济增长之间的关系也形成了两种截然不同的观点,一些研究者倡导低通货膨胀的经济环境,而还有些学者却认为适度的通货膨胀率有助于经济保持快速增长。

三、经济增长的福利分配

经济增长福利成果分配的相关研究文献主要集中讨论了收入分配不平等与经济增长的关系,总体来看,现有文献是从以下视角来展开研究的③:(1)市场规模的视角。Murphy,Shleifer 和 Vishny(1989)利用满足型效用函数从市场规模角度分析了收入分配不平等对经济增长的影响,认为收入分配不平等时,富人需求高档消费品而穷人购买力有限,这导致对国内工业品的需求不足,从而制约了国内工业化进程和经济发展。但是他们研究的主要内容是收入分配不平等对工业化进程的影响,收入分配不平等

---

① Stanners,W.:"Inflation and Growth ", *Cambridge Journal of Economics*,1996,p. 20.

② 刘金全、谢卫东:《中国经济增长与通货膨胀的动态相关性》,《世界经济》2003年第 6 期,第 48~57 页。

③ 在收入分配不平等与经济增长的关系这一问题上还应涉及经济增长对收入不平等的影响,但这并不是当代学者们研究的重点,具体内容可参考 Aghion,Caroli and Garcia-Penalosa(1999)的文献综述。

对经济增长的影响并不是其分析的重点。[①]（2）投资水平的视角。Galor
和 Zeira(1993)认为在资本市场不完善和人力资本投资不可分的情况
下，收入分配不平等会限制穷人的投资机会，降低其对物质资本和人力
资本的投资，进而阻碍到经济增长。[②]（3）财富积累激励的视角。一些
学者把道德风险引入到分析中去，检验了收入分配不平等对经济增长的
影响，认为收入分配不平等降低了积累财富的激励，不利于经济增长
（Banerjee 和 Newman，1993；Aghion 和 Patrick Bolton，1997）。（4）政治经
济的视角。一些学者研究了事前不平等对未来经济发展的影响，即收入
分配通过政府财政支出和税收影响了未来经济增长（Persson 和
Tabellini，1994；Alesina 和 Rodrikc，1994；Li 和 Zou，1998；尹恒、龚六堂、
邹恒甫，2005）。（5）社会政治环境的视角。一些研究者从社会政治环境
方面研究了收入分配不平等对经济增长的影响，认为收入分配不平等可
能会引发宏观经济波动和社会冲突，造成国内政治经济环境不稳定，从
而导致产权保护薄弱、投资下降，最后妨碍到经济增长（Benhabib 和
Rustichini，1996；Alesina 和 Perotti，1996；Aghion，Banerjee 和 Piketty，
1997）。从上述不同视角的研究来看，学者们得出的结论是不平等将减
缓增长，但实证研究的成果却并不总是支持这样的结论。

　　从收入不平等对经济增长影响的实证研究来看，由于样本选择的
不同得出了截然不同的结论。早期的研究主要使用了跨国截面数据
（Alesina 和 Rodrikc，1994；Persson 和 Tabellini，1994；Alesina 和
Perotti，1996），得出的结论认为收入分配不平等会降低经济增长率。
使用跨国截面数据进行经验分析，由于所选取的样本国家处于不同的
经济发展水平，使得所得结论并不能充分代表一个统一的趋势。[③] 而

[①]　Murphy，K.，A. Shleifer，and R. Vishny. ："Income Distribution，Market Size and
Industrialization"，*Quarterly Journal of Economics*，Vol. 104，1989，pp. 537 - 564.

[②]　Galor，Oded and Joseph Zeira. "Income Distribution and Macroeconomics"，
Review of Economic Studies，1993，60，pp. 35 - 52.

[③]　Persson and Tabellini(1994)的政治经济模型和其他经验研究集中探讨了中间
投票人的收入状况，而没有讨论整个的收入分配状况，在经验分析中也主要是用中间阶
层的收入份额来测度收入分配不平等的程度，而事实上一些研究表明中间阶层的收入
份额与基尼系数之间的相关性并不是足够高。

且横截面数据具有条件异方差性,常用的检验方法会失效。有鉴于此,Patridge(1997)利用美国各州的数据进行估计得出基尼系数和中间阶层的收入份额与经济增长率都有显著正向关系。[①] 这些研究受到了Forbes(2000)的批评,她认为单纯的横截面数据只能比较收入不平等与经济增长在不同稳态之间的关系,并不能充分验证两者在单个经济中的动态关系,因此她使用高质量跨国的面板数据进行经验分析得出收入分配不平等与经济增长呈正相关关系。[②] Barro(2000)运用面板技术分析了一百多个国家收入不平等与经济增长之间的关系,结果表明若以全部国家为样本,收入不平等程度与经济增长率不存在显著的相关关系,但在区分穷国和富国后却发现,穷国收入不平等会阻碍经济增长,而富国收入不平等则会促进经济增长。[③] Panizza(2002)利用美国48个州的面板数据对收入分配不平等与经济增长间的关系进行检验并没有得到两者间的正相关关系,他发现两者间有一定的负相关关系,但这种关系并不稳健。[④]

在我国有关中国收入不平等问题的研究文献也非常丰富,这些文献主要集中于讨论我国当前收入不平等的程度以及影响我国收入分配不平等的因素(如王小鲁、樊纲,2004;董先安,2004;万广华、陆铭、陈钊,2005;王洪亮、徐翔,2006),而研究我国收入分配不平等对经济影响的文献则相对较少。权衡等(2002)利用中国1978～1999年间的相关

① Patridge,Mark D. :"Is Inequality Harmful for Growth? Comment",*American Economic Review*,1997,87,pp. 1019 - 1032.

② Forbes,Kristin J. :"A Reassessment of the Relationship between Inequality and Growth",*American Economic Review*,Vol. 90,No. 4,2000,pp. 869 - 887. 她的分析也存在三个问题:第一,当样本数较小时,当期 Arellano-Bond Generalized 方法会造成标准差过小,从而使得人们怀疑她所得系数的可靠性;第二,假定收入分配不平等影响经济增长的滞后期为5年不具有一般性;第三,为了得到一个显著的正的系数,她需要对不平等的数据进行选择,使之成为了一个被 Deininger 和 Squire(1996)称之为"高质量的集合",事实上没有理由应该把不满足数据约束的其他国家排除在分析之外。

③ Barro,R. J. :"Inequality and Growth in a Panel of Countries",*Journal of Economic Growth*,Vol. 5,No. 1,2000,pp. 5 - 32.

④ Panizza, U. :"Income Inequality and Economic Growth:Evidence from American data",*Journal of Economic Growth*,2002,7,pp. 25 - 41.

数据分析了中国转型期城乡和地区收入分配不平等对经济增长的影响,他们认为收入分配不平等降低了居民消费需求,从而在相当程度上制约了中国经济的高速增长。[①] 杨俊、张宗益、李晓羽(2005)选取1995~2003 年的样本区间,从人力资本角度对中国居民收入不平等与经济增长之间的关系进行了实证研究。[②] 陆铭、陈钊、万广华(2005)基于 1987~2001 年间中国省级面板数据的实证研究验证了收入分配不平等通过投资和教育对经济增长呈现出负的影响。[③] 杨汝岱、朱诗娥(2007)利用中国社科院经济研究所收入分配课题组分别于 1995 年和2002 年进行的城乡家庭与个人调查的微观数据进行实证检验发现,缩小收入差距有利于扩大消费需求,拉动经济持续增长。[④]

通过对国内外相关研究文献的梳理,我们发现现有研究主要是在经济增长的数量框架下来分析成果分配对经济增长数量所造成的影响,但却缺乏福利变化、成果分配与经济增长质量关系的研究。此外,理论研究的结论一致认为收入分配不平等是不利于经济增长的,而经验研究的结果却因样本数据的选择而不同,这说明两者之间的关系在不同的经济发展阶段表现不同。我国 2004 年的第一次全国经济普查结束之后,国家统计局根据经济普查资料重新核算了 2004 年的 GDP,并对 GDP 的历史数据以及其他相关国民经济核算指标的历史数据进行了调整。而现有关于我国收入分配对经济增长影响的相关研究都采用了在此之前的样本数据。

四、经济增长的资源环境代价

对于资源的定义有广义和狭义之分,广义的资源是指人类生存发

---

① 权衡、徐王争:《收入分配差距的增长效应分析:转型期中国经验》,《管理世界》2002 年第 5 期,第 47~54 页。

② 杨俊、张宗益、李晓羽:《收入分配、人力资本与经济增长:来自中国的经验(1995~2003)》,《经济科学》2005 年第 5 期,第 5~15 页。

③ 陆铭、陈钊、万广华:《因患寡,而患不均——中国的收入差距、投资、教育和增长的相互影响》,《经济研究》2005 年第 12 期,第 4~14 页。

④ 杨汝岱、朱诗娥:《公平与效率不可兼得吗?——基于居民边际消费倾向的研究》,《经济研究》2007 年第 12 期,第 46~58 页。

展和享受所需要的一切物质的和非物质的要素,而狭义的资源仅指自然资源。现有对资源利用与经济增长之间的研究也主要是从广义资源和狭义资源这两个视角展开的。一部分学者从广义资源的定义出发研究了经济增长的资源利用效率问题。卡马耶夫(1983)认为只从经济增长数量的观点来评价经济的发展是不够的,还需要考虑取得经济增长的代价问题,对于资源要素更有效的利用直接影响着经济增长质量的提高,而科学技术革命在经济增长因素变化中的作用举足轻重。① 王积业(2000)认为资本、劳动力等生产要素在数量上的不断积累是经济增长实现数量扩张的主要源泉,而资源利用的改进或要素生产率增加构成经济增长质量的主要源泉。② 刘亚建(2002)将经济增长质量理解为单位经济增长率所含有的剩余产品量,认为单位经济增长率中投入的资金物资越少,经济增长质量越高。对于经济增长质量高的增长率,即使为中速增长,也可以带来国民财富的明显增长,而对于经济增长质量低的增长率,即使具有非常高的增长速度,它满足的社会需要仍低于高经济增长质量下的经济增长率。③ 刘亚军、倪树高(2006)认为新型工业化国家和地区的经济增长过程主要依赖于要素推动,但从长期来看这种过度投入会导致经济增长在长期无法得以维持,以 1978～2004年浙江省相关数据为样本进行实证分析发现整体而言,浙江经济增长取得了相对较高的增长效率,但全要素增长率相对较低,甚至从 20 世纪 90 年代中后期至今还一直处于负增长的状况。④

还有一部分学者从狭义资源的定义出发研究了自然资源的损耗与经济增长的关系。有限的自然资源制约经济增长是古典增长理论的一个传统,马尔萨斯(1992)、李嘉图(1962)重点研究了农业中土地的报酬

---

① [苏]B. D. 卡马耶夫:《经济增长的速度和质量》,陈华山、左东官、何剑等译,湖北人民出版社 1983 年版,第 19～32 页。

② 王积业:《关于提高经济增长质量的宏观思考》,《宏观经济研究》2000 年第 1 期,第 11～17 页。

③ 刘亚建:《我国经济增长效率分析》,《思想战线》2002 年第 4 期,第 30～33 页。

④ 刘亚军、倪树高:《基于全要素生产率的浙江省经济增长质量分析》,《浙江社会科学》2006 年第 6 期,第 48～53 页。

递减与经济增长问题。而现代主流增长理论却对自然资源与经济增长的关系一直不够重视,直到 20 世纪 70 年代初世界性粮食危机和能源危机爆发之后,部分学者才又重新开始关注自然资源约束问题,但是新马尔萨斯主义关注的焦点转移到了(不可再生)资源耗竭和环境污染问题。Donella H. Meadows 等(1972)在罗马俱乐部的报告《增长的极限》一书中讨论了追求经济增长所带来的后果问题,它不仅关注由固定的土地禀赋导致的人口—食品危机,而且进一步关注由经济活动指数化增长引起的资源耗竭和环境恶化危机,她们利用 World3 模型将与增长有关的数据和理论整合起来,研究了自然资源对实物经济增长的限制。① 主流经济学家几乎完全否定"增长极限论",只有少数增长理论家运用新古典 Ramsey 增长模型对可耗竭资源的最优开采、利用路径进行了分析(Solow,1974;Stiglitz,1974;Dasgupta 和 Heal,1979)。到 20 世纪 80 年代末 90 年代初,一系列全球环境问题的恶化引发经济学界关注资源环境约束问题的热潮。Donella H. Meadows 等(1992,2004)的新著《超越极限》利用 1970～1990 年的信息和 World3 模型对其之前的研究进行了 20 年来的更新,认为其在《增长的极限》中的结论仍然有效,同时也指出人类已经超出了地球承载能力的极限,在 20 世纪 90 年代前期已经无法再通过明智的政策来避免过冲的出现。但她们通过许多模拟也证明通过平衡短期和长期发展目标,采取合理的经济环境政策、运用技术提高原材料和能源使用效率,就可以超越极限。② Richard Douthwaite(2008)认为增长是推动健康生活的必需,但毫无约束的增长却是一种疾病。我们在工业革命时期经历的无限制增长依赖于不断增加的化石燃料消耗,如果不采取措施,那么随着恶性经济增长将消耗掉剩余的石油,全球变暖会更加严峻并极具破坏性,结束总量增长不仅有助于我们的生存,而且能够提高整体的生活质量。因

---

① [美]德内拉·梅多斯等:《增长的极限——罗马俱乐部关于人类困境的报告》,李宝恒译,吉林人民出版社 1997 年版,第 19～56 页。

② [美]德内拉·梅多斯等:《增长的极限》,李涛、王智勇译,机械工业出版社 2006 年版,第 121～162 页。

此,重新定义发展并学会以更有效的方式配置资源,将是我们最合理的选择。① 一些经济学家将自然资源、环境污染等因素纳入内生增长模型(Scholz 和 Ziemes,1996;Schou,2000;Grimaud 和 Rouge,2003),结论显示如果技术进步机制(干中学、R & D 或人力资本积累)足够有效,人均产出具有正的最优增长率是可能的。Nordhaus(1992)在索洛模型的基础上引入自然资源变量分别建立一个有资源约束和一个无资源约束的新古典增长模型,他将两个模型得到的稳态人均产出增长率之差定义为自然资源的"增长阻力"。对于自然资源与经济增长问题的实证研究存在两种截然相反的结论。有学者(Wright,1990;Delong 和 Williamson,1994;David 和 Wright,1997;Gylfason 和 Thorvaldur,2001;De Feranti et al.,2002)通过各自国家的经验验证得出自然资源对经济增长产生正效应,自然资源利用能促进技术进步,影响产业结构和布局,影响社会劳动生产率,从而影响到经济增长。而还有一部分学者(Sachs 和 Warner,1995;Gylfason 和 Zoega,2001;Hausmann 和 Rigobon,2002;Sala-i-Martin 和 Subramanian,2003)却得出了刚好相反的结论,他们通过对跨国截面数据进行实证检验后发现自然资源的丰裕度与经济增长存在显著的负相关关系,自然资源依赖性越高的国家,其经济绩效往往越差。我国学者将自然资源约束纳入经济增长问题中,在扩展新古典索洛模型的基础上,以中国省级面板数据为样本实证分析了中国自然资源禀赋与经济增长之间的关系,并探讨了相应的作用机制(周海林,2001;徐康宁、王剑,2006;罗浩,2007)。

此外,一部分学者是从生态环境的视角来研究环境与经济增长之间的关系。Grossman 和 KrLleger(1991)在分析 NAFTA 协议的环境效应时,首次实证考察了环境污染水平与经济增长的倒 U 型关系,Panayotou(1993)将其称之为环境库兹涅茨曲线。Lighart 和 vanderPloeg(1994)和 Bovenberg、Smulders(1995)以及 Stokey(1998)

---

① [英]理查德·杜思韦特:《增长的困惑》,李斌、姜峰、宫庆彬译,中国社会科学出版社 2008 年版,第 1~17 页。

认为在经济增长的同时提高环境标准是优化选择。梁言顺(1999)提出的低代价经济增长理论,把经济增长的生态环境代价因素纳入到索洛的经济增长模型之中。[1] 焦必方(2001)在柯布—道格拉斯生产函数基础上纳入耗竭性资源(环境)约束,并假定生产过程中的污染物是与产品同时产生的,构建了考虑了耗竭性资源利用与环境污染时的较完整的环保型经济增长综合模型。[2]

经济增长质量是一个非常广义的范畴,包含着丰富的内容,尽管许多学者已经从经济增长的结构、经济增长的稳定性、福利水平变动、资源环境代价等各个方面展开了相应的理论分析与实证研究,但这仅是从某一个单一视角研究了经济增长质量问题的一个侧面,而且所有分析的落脚点仍然是经济增长的数量,遵循的分析范式仍然是经济增长数量框架,对于经济增长质量问题目前还没有形成一个统一的理论分析框架。

第四节　影响经济增长质量的因素

戴武堂(2003)认为影响经济增长质量的因素主要有劳动生产率、经济效益、就业率、居民消费水平和消费质量、收入差距的合理程度。从劳动生产率来看,劳动生产率的提高可以加快社会主义国家现代化进程,增强国民经济整体素质,促进经济效益的增长,促进产业结构高级化和生产方式的现代化,与经济增长质量按相同方向变化。从经济效益来看,提高经济效益可以保证经济增长速度,引起产业结构优化,引起产品质量的提高,则经济效益越高导致经济增长质量越高。从就业状况来看,就业率决定劳动者参与社会经济发展的程度,影响劳动者生活水平提高和社会稳定,影响资本积累,与经济增长质量按相同方向变化。从居民消费来看,居民消费水平和消费质量是经济增长质量提

---

[1] 梁言顺:《低代价经济增长论》,人民出版社 2004 年版。
[2] 焦必方:《环保型经济增长模式:21 世纪中国的必然选择》,复旦大学出版社 2001 年版。

高的强大动力,提高消费水平和消费质量可以提高劳动者素质,促进产业结构优化。从收入分配来看,收入差距的合理程度影响经济效率和社会稳定,从而影响经济增长质量。[①] 刘亚建(2002)论述了影响我国经济增长质量的生产力因素,认为科技竞争力对于经济增长质量至关重要,而促使科技竞争力增长的基础则在教育,目前我国的教育投入太低,导致我国教育困难重重,影响了经济增长质量的提高。[②] 李依凭(2004)对中国 1978~2003 年间农民实际收入增长率变动对经济增长质量的影响进行了动态分析,认为经济增长质量是指一个国家经济活动整体在资源配置和满足社会需要时的优劣程度,经济社会的协调发展才可以视为有质量的经济增长。居民实际收入水平尤其是农村居民实际收入水平的提高,不仅可以影响和制约 GDP 在数量上的增长变动水平,更是影响经济增长质量的一个重要因素。[③] 洪英芳(2002)从理论上考察了人力资源开发对经济增长质量的影响,认为人力资源开发能不断开发人的创造力与活力,是使经济持续高效益增长的基本动力;人力资源开发能形成一种促进经济质量与效益提高的内在驱动力;人力资源开发能使一切物的要素都可在有效形态上最大限度地发挥效用,从而大幅度地提高经济效益;人力资源开发是提高企业素质的根本因素。[④] 刘海英、赵英才、张纯洪(2004)分析了中国的人力资本对经济增长质量的影响,认为以技术进步为依托的经济增长不仅是高质量的,而且是可持续的,人力资本积累是经济增长的最重要的因素之一,是高质量经济增长循环的基点。人力资本由知识、技能的累积构成,知识、技能在经济系统内的分配状态体现了人力资本的“均化”水平。在借鉴基尼系数反映收入差距的经典理论基础上,量化了人力资本“均化”指

---

① 戴武堂:《论经济增长质量及其改善》,《中国财经政法大学学报》2003 年第 1 期,第 35~39 页。

② 刘亚建:《我国经济增长效率分析》,《思想战线》2002 年第 4 期,第 30~33 页。

③ 李依凭:《1978 年~2003 年我国农民实际收入增长率变动对经济增长质量影响的动态分析》,《技术经济》2004 年第 11 期。

④ 洪英芳:《新时期人力资源开发与提高经济增长质量和效益研究》,《人口学刊》2002 年第 6 期,第 27~31 页。

标,对人力资本与经济增长质量的关系进行了实证研究。[①] 刘海英、张纯洪(2007)从宏观角度采用动态计量检验的方法研究了中国非国有经济发展对经济增长质量的影响,认为中国民营企业相对低水平的创新能力导致了其对经济增长的技术进步贡献率不高,而且中国民营企业的发展多数是以破坏资源环境为代价的;外资企业的技术和管理创新的扩散效应不明显,并且加工贸易中的转移定价所导致的税收流失日趋严重。因此,非国有经济抑制了中国经济增长质量的改善。[②]

第五节 现有研究的评价

通过对现有经济增长质量相关研究文献的梳理,我们发现目前对于这一问题的研究集中于一些基础性问题的讨论之上,且没有形成一个统一的分析框架。经济增长质量的定义是经济增长质量问题研究的起点,现有研究文献对于经济增长质量的界定主要存在两类观点:从狭义上来定义经济增长质量的文献将经济增长质量理解为经济增长的效率,从广义上来界定经济增长质量的文献则赋予经济增长质量非常丰富的内涵。经济增长质量属于一种规范性的价值判断,仅从效率视角进行理解显然不够全面,因此对于经济增长质量的界定应当从更广义的视角来进行。现有从广义上来定义经济增长质量的研究把除经济增长数量以外的各种因素都纳入到经济增长质量的范围之中,经济增长质量的定义缺乏一个清晰而明确的外延,这会导致我们无法准确地判断什么属于经济增长质量的内容,而什么不是。基于如上分析,我们可以得出对经济增长质量内涵与外延的界定将是经济增长质量问题研究中需要首要解决的问题。经济增长质量的测度是对经济增长质量问题由定性分析转向定量分析的关键,建立在对经济增长质量内涵与外延清晰界定的基础之上,由于现有研究对经济增长质量的外延没有准确

---

① 刘海英、赵英才、张纯洪:《人力资本"均化"与中国经济增长质量关系研究》,《管理世界》2004 年第 11 期,第 15~21 页。

② 刘海英、张纯洪:《非国有经济发展对中国经济增长质量影响机理研究——来自 VEC 模型的新证据》,《经济学家》2007 年第 6 期,第 63~69 页。

界定,造成经济增长质量测度指标的选择具有很大的随意性,对同一研究对象经济增长质量水平的测度结果往往存在较大的偏差。现有度量中国经济增长质量水平的研究是在一个没有明确外延的经济增长质量定义基础上展开的,而且只是从全国总量层面上或者是单独以某一省区作为研究对象来进行经济增长质量水平的评价与判断,但却缺少对各地区经济增长质量状态的测度与差异的比较。由此我们可以发现,在对经济增长质量的外延与内涵清晰界定的基础上对中国以及各地区的经济增长质量水平进行准确测度是中国经济增长质量问题研究中迫切需要解决的关键问题之一。现有经济增长质量的相关研究文献主要是从经济增长质量的某一个单一视角出发来进行研究,尽管许多学者已经从经济增长的结构、稳定性、福利分配和资源环境代价等各个方面展开了相应理论与实证的研究,但却并没有把这些问题纳入到一个统一的理论框架下进行分析,目前仍缺乏系统的经济增长质量理论分析框架。由于系统的理论框架没有构建出来,导致现在还没有对经济增长质量问题真正意义上的实证分析,我国这一问题的研究也仅限于对经济增长质量进行测度这样的统计意义上的评估。构建一个经济增长质量的理论分析框架并在此基础上展开相应的经验分析,这是经济增长质量研究中迫切需要解决的问题。

因此,未来经济增长理论对经济增长质量问题进行研究的努力方向就在于:第一,以新经济增长理论为依据,结合当前世界各国尤其是中国经济发展的现状,对经济增长质量的内涵与外延进行明确的界定。第二,在主流经济学范式下构建一个系统的理论分析框架来研究经济增长质量问题。第三,在经济增长质量内涵清晰界定基础上构造一个完整的经济增长质量指数来测度中国和各地区的经济增长质量。第四,依据中国的相关数据对经济增长质量的各维度进行理论阐释与实证分析。

第二章 经济增长质量的界定
及其分析框架

经过 30 年的经济改革与经济转型,从总体上看目前中国的经济发展已经从起飞阶段进入到了加速发展的新阶段,这一阶段的基本特征表现为:工业化进入由中期阶段向高级阶段的过渡时期,整体经济发展进入到了双重转型期,结构调整成为新阶段经济发展的主题,消费的增长效应逐步增强,规模报酬递增机制在经济发展中的作用得到加强,资源环境构成了对经济发展的强约束,经济发展面临更加激烈的国际竞争环境。中国经济转型 30 年以来,经济一直处于高速增长的状态,而与此同时,经济增长中的一些矛盾和问题也逐渐暴露出来,经济增长的结构性矛盾比较突出、经济增长的不稳定因素仍然存在、经济增长的成果分配不和谐、经济增长的模式尚未根本改变。因此,如何保持我国经济增长的可持续性就成为当前最关键的问题之一,而这从根本上来看是与经济增长的质量问题紧密相关的。十七大提出"转变发展方式,实现国民经济又好又快的发展",把提高经济增长质量放在更重要的位置之上,这表明从一定意义上来说经济的快速增长已经不是难点,而如何进一步解决经济增长中的种种矛盾与问题,提高经济增长质量才是我们当前所面临的最大问题。

尽管已经有许多国外和国内的研究者在探讨着经济增长质量,但目前所能达成的共识仅仅在于我们不能再简单地追求仅仅数量上的增长,还应当看到数量之外的问题。对经济增长质量问题的研究建立在对其内涵的不同理解基础之上,如何对经济增长质量内涵进行界定直接决定了这一问题的研究视角、研究范围以及研究内容。而现有研究对经济增长质量的内涵却存在不同的看法,如果将经济增长数量之外的所有因素都定义为经济增长质量无疑是不恰当的,这样包含的内容就太过丰富了,而且相应的度量也就无法进一步展开。如何对经济增长质量进行度量的真正困难也就在于我们无法区分什么是经济增长质量的内容,而什么不是。此外,由于现有相关文献对经济增长质量问题的研究仍停留在基础性问题和单一视角的讨论之上,缺乏一个系统的理论分析框架,从而也为经济增长质量的清晰界定、准确度量及经验分析等带来困难。因此,本章就从经济增长与经济发展的区别与联系入手,对经济增长质量的外延与内涵进行清晰界定,并在对经济增长质量分析与数量分析范式进行比较的基础上构建出经济增长质量分析的基本框架,采用归纳推理的方法提出有关经济增长质量的四条基本理论假说。

第一节　经济增长质量的界定

如上所述,经济增长质量的评价建立在对其内涵准确把握的基础上。从现有研究文献来看,对经济增长质量概念的界定主要存在两类观点:一种观点从狭义上来定义经济增长质量,将经济增长质量理解为经济增长的效率(如卡马耶夫,1983;刘亚建,2002;刘海英、赵英才、张纯洪,2004;康梅,2006)。另一种观点从广义上来界定经济增长质量,认为经济增长质量是相对于经济增长数量而言的,属于一种规范性的价值判断,具有丰富的内涵(如 Robert J. Barro,2002;刘树成,2007)。Robert J. Barro(2002)就给予增长质量一种很宽泛的概念,它把经济增长质量理解为与经济增长紧密相关的社会、政治及宗教等方面的因素,具体包括受教育水平、预期寿命、健康状况、法律和秩序发展的程度以及收入不平等等等。[1] "质量"属于一种规范性的价值判断,而效率只是评判标准的一个方面。因此,对于经济增长质量内涵的界定应当从更广义的角度进行。从广义来界定经济增长质量的研究文献,由于只

---

[1] Robert J. Barro: "Quantity and Quality of Economic Growth", *Working Papers from Central Bank of Chile*, 2002, pp. 1-39.

是从经济增长数量视角出发,把除增长数量以外的各种因素都纳入到经济增长质量的范围之中,如果经济增长质量的外延无法得以确定那么经济增长质量的内涵就不能得到清晰界定。

与现有文献所不同的是,我们在经济增长和经济发展两个概念的区别与联系中引入经济增长质量,由此来进行内涵与外延的界定,这样就有一条明确的准则让我们可以清楚地把握什么属于增长质量的内容,而什么不是。在宏观经济学中,"经济增长"被定义为一个国家或者地区产品与服务的总和不断增加,主流的经济学家认为它就是以固定价格计算的人均国民收入的某种度量的变化率。但是现在越来越多的学者却认为这样界定存在着明显的缺陷,如它没有将与经济增长直接相关的成本反映进去,不能解释商品和服务在社会中不同的个人和团体之间分配的变化。一个完整的经济增长的定义应该外在表现为总数量的扩张,而内在表现为质量的提高。经济增长数量扩张是经济增长质量提高的前提,它为经济增长结构的改善和福利水平的提高等问题提供了必要的物质基础;但同时经济增长质量的高低也决定着经济增长的总量与速度,在其他条件相同的情况下,不同的经济增长质量水平可以带来不同的经济增长数量扩张与不同的增长速度。由此可见,经济增长数量与经济增长质量就像一枚硬币的两面,是同一个问题的两个方面,它们一起构成了经济增长的全部内容。经济增长既包括经济在数量方面的扩张,又包括经济在质量方面的提高,是数量和质量的统一。而"经济发展"的一种比较有说服力的定义是"将增加人均实际收入作为追求的目标"。[①] 但是正如詹姆森和威尔伯所言"发展没有普遍接受的定义,它也没有普遍采用的模式,每个人必须写它自己的历史"。今天的研究者们从更宽视角上来理解经济发展,认为它不仅是一个量的概念还是一个质的概念,不仅是经济的数量增长和人均占有物质财富的增加,而且是经济和社会的全面进步、整体演进。基于以上分析,

---

① ［美］杰拉尔德·M. 梅尔、詹姆斯·E. 劳赫:《经济发展的前沿问题》,黄仁伟、吴雪明等译,上海人民出版社 2004 年版,第 83 页。刘易斯也在《经济增长理论》一书中将经济发展定义为"提高普通人的生活水平",并用人均收入的增长来衡量。

我们就可以确定经济增长质量的外延。经济发展与经济增长之间是一种包含与被包含的关系,而经济增长数量与经济增长质量则属于经济增长的内容。经济发展是从横向上看,外延要大于经济增长,其中经济增长的内容也是其非常重要的组成部分,而经济增长质量是从经济增长的纵深方面看,探究经济增长内在的性质与规律,从经济增长的过程和结果上来考察。因此,与巴罗的观点相反,[①]我们认为经济增长质量的外延就是与经济增长紧密相关的经济方面的内容,而经济发展则包括了社会、政治及其他因素。

基于如上判断,我们来界定经济增长质量的内涵。从一般意义上来看,质量有两层含义:一层含义是用来表示事物的优劣程度;而另一层含义则是指事物的本质与特性。国内大多学者是从优劣程度上来理解经济增长质量的,并进一步将经济增长质量归纳为经济效益、经济结构、生活水平、科技进步、环境保护及稳定性等具体方面进行考察。而我们认为经济增长质量是相对于经济增长数量而言的,因此其内涵应该是从经济增长的性质角度入手,当然这一问题同时也会涉及对经济增长优劣、好坏的判断。经济增长数量是从整个经济量的变化上来描述经济增长的,而经济增长质量则是从经济的内在性质上来反映经济增长。对经济增长内在性质的判断既要从其动态过程中来考察,也涉及经济增长的后果和前景问题,即经济增长质量是从过程和结果上来讨论的。从经济增长的过程来看,结构主义经济增长理论把结构变动纳入了经济增长的分析中,从理论上阐明了结构变量是影响经济增长的重要因素,认为现代经济增长本质上是一个部门变化引起增长的过程,由于结构变化带来生产要素从低收益部门向高收益部门的流动产生了结构效益;随着经济增长理论和经济周期理论之间的交融,出现了大量关于经济波动性与经济增长之间关系的研究文献,理论分析与实

---

① Robert J. Barro(2002)认为经济发展从根本上反映了人均 GDP 的增长,则经济发展的基本测度指标为人均 GDP 的对数、教育年限以及城市化率。在巴罗看来,经济发展是与经济增长数量紧密相关的经济方面的因素,而经济增长质量则是与经济增长数量紧密相关的社会、政治及宗教等方面的因素。

证研究的结论基本上都认为频繁和剧烈的经济波动性将对经济增长水平带来负面影响,经济增长的稳定性与经济增长问题紧密相关。从经济增长的结果来看,福利水平提高、成果分配改善是经济增长最根本的落脚点,而收入分配与经济增长的关系一直都是经济学研究的一个重点问题,20 世纪 80 年代以来,伴随着新增长理论的兴起,关于经济主体的异质性假设、关于多个经济均衡同时存在的基本判断使得经济学对收入分配不平等与经济增长关系的研究又进一步地深入,收入分配不平等对经济增长的影响及其作用机制的分析越来越受到研究者们的关注,不管研究者们是从何种视角入手,都在收入不平等会妨碍经济增长的观点上基本达成了共识;除此之外,经济增长的实现也是有代价的,近年来资源利用效率和生态环境代价问题已经引起了越来越多学者的关注,研究的结果指出资源利用效率的高低以及生态环境代价的大小都会对经济增长产生重要的影响。由此可以得出,在经济增长的过程方面,经济增长的结构以及经济增长的波动问题构成了经济增长质量的主要内容,而从经济增长的结果来看,经济增长质量主要涉及经济增长的福利变化与成果分配以及资源利用和生态环境代价问题。基于如上分析,归纳起来经济增长质量主要包含以下几个方面的内容:

(1)从经济增长的过程来看,经济增长质量是指经济增长结构的优化以及经济运行的稳定性。经济增长结构是指经济系统内要素间联结关系及要素数量间的比例关系,包括产业结构、投资消费结构、区域结构等等,而其中最重要的是产业结构,它在一定意义上决定了经济增长的方式。产业结构升级和转换的快慢程度是经济增长质量非常重要的内容之一。经济增长的稳定性指短期经济增长对长期经济增长趋势的偏离应保持在较小的范围内,这也是经济增长质量的重要方面。

(2)从经济增长的结果来看,经济增长质量是指经济增长带来的居民福利水平的变化分配状况以及资源利用和生态环境的代价。经济增长的最终目的和结果应该是居民福利水平的改善,也就是居民人均拥有财富的增加,而居民人均财富不仅仅包括实物形态的物质财富,还包括有人力财富以及自然、社会环境财富等方面的内容。只有当经济增长的成果能够被绝大多数人所分享时,它才能够成为一种长期持续的发展过程,在追求经济增长的同时要重视成果的分配问题。资源损耗、环境破坏是经济增长的代价,良好的经济增长质量是指经济的数量增长应以较少的资源消耗为代价且与资源环境的承载能力相适应,以可持续的方式使用资源,而不以牺牲环境为代价。

第二节　经济增长质量分析与数量分析的比较

在经济增长理论中,经济增长质量分析与经济增长数量分析是两种截然不同的分析范式,它们的区别在于:

第一,经济增长数量分析属于一种陈述客观事实的事实判断,而经济增长质量分析则属于一种讨论行为标准的价值判断。事实判断一直在经济学研究当中处于首要地位,现有经济增长理论中的相关研究都是以事实判断来对经济增长数量进行分析的。经济增长数量是指一个国家或者地区产品与服务数量上的不断增加,一般用国民收入、国内生产总值或国民生产总值来度量,这些指标可以对经济增长数量进行客观的描述与解释。但正如科尔奈(1988)所指出的那样:"翻阅一下关于经济增长理论的浩瀚文献,我们发现,到处都在用宽泛的数量指标来描述增长过程,而发展过程的质量方面几乎完全被忽略了。"[1]在经济增长理论研究中,事实判断和价值判断各有其不同的作用,不仅要着重于事实判断;而且也不能完全抛开价值判断。经济增长数量分析的局限性就在于它无法对经济增长过程中的各种变化以及经济增长结果上的各种成本代价进行取舍与判断,而这些内容都涉及价值判断问题,属于经济增长质量的范畴。经济增长质量分析考察的是经济增长内在的性质与规律,研究经济增长的结构是否合理、波动趋势是否稳定、福利分配是否公平以及资源环境代价有无过高等带有规范性价值判断的命题。所以说,经济增长数量分析属于一种事实判断,而经济增长质量分析则属于一种价值判断。

---

① ［匈牙利］亚诺什·科尔奈:《突进与和谐的增长》,张晓光等译,经济科学出版社 1988 年版,第 2 页。

第二,经济增长数量分析多采用实证分析的方法,而经济增长质量分析则以规范分析为基础但同时需要实证研究来说明其正确与否。规范分析与实证分析对应于不同的判断标准,规范分析以一定的价值标准为基础,主要解决的是经济学研究中的行为选择问题,而实证分析以事实标准为基础,排斥价值判断,所解决的主要是经济学研究中的真理属性问题。由于经济增长数量分析属于一种陈述客观事实的事实判断,而经济增长质量分析属于一种讨论行为标准的价值判断,所以经济增长数量分析与质量分析各自对应的研究方法也就存在差异。一般来说,经济增长数量分析以实证分析为基础,而经济增长质量分析则以规范分析为基础。实证分析方法的一般过程是:提出理论假说并界定假设条件,进行理论推理并得出主要结论,对主要结论进行验证,从这一方法的一般过程可以看出,实证分析包括两个阶段,理论实证和经验实证。理论实证是实证分析的第一阶段,主要表现为一种逻辑实证,它是建立在理论逻辑演绎基础上的理论分析,从经济现实中抽象概括出理论假说和基本的假设条件,以此出发进行理论的逻辑演绎,得出结论。这种结论只是在理论上成立,而未经事实检验。经验实证是实证分析的第二阶段,主要表现为一种事实验证,它是对理论实证的基本结论进行经验事实的检验,经验实证的结果决定我们是接受这种理论假说还是放弃这种理论假说,或是做进一步的修正。两者都是对于事实标准的实证和检验。基于价值标准的规范分析并没有对应的具体的判断方法,所以大多数学者认为规范分析和实证分析解决的是两个不同方面的判断问题,使用的是两种不同属性的判断标准,体现两种不同特征的原则,相互间并不存在绝对的对应关系,在经济学研究活动中是完全可以兼容或结合起来的。经济增长质量分析以主观性的价值标准为基础,无法体现理论研究的科学性问题,因此在具体研究过程中可以与实证分析方法相结合,从而实现经济增长质量分析的科学性。

第三,经济增长数量分析与质量分析的研究对象不同。经济增长数量分析以经济增长的数量变化为研究对象。在经济增长理论发展的二百多年历史里,研究者们主要围绕两大主题展开研究:其一是通过要素分析来阐释一定时期内国民收入水平或人均国民收入水平的决定问题,而这从根本上体现的是研究者对经济增长源泉的不同理解。其二是考察经济增长在国与国之间存在的巨大差别,即经济增长是否会产生收敛性的结果,而这代表了研究者对经济增长结果的关注。不管是对经济增长源泉的分析还是对经济增长收敛性的研究都是从经济增长的数量角度来看待经济增长的,这种经济增长数量分析以经济增长的数量变化为研究对象,探讨的是如何实现经济数量上的扩张。经济增长质量分析以经济增长的质量提高为研究对象,由于经济增长质量具有非常丰富的内涵,主要包含经济增长的结构、经济增长的稳定性、福利分配以及资源环境代价四个维度,而这就构成了经济增长质量分析研究对象的具体内容。由此可见,经济增长数量分析与质量分析在研究对象上也存在差别。

基于以上分析,我们发现,经济增长数量分析与经济增长质量分析是经济增长问题研究中两种截然不同的分析范式,它们在判断标准、研究方法以及研究对象方面都存在很大的区别。从判断标准来看,经济增长数量分析属于一种陈述客观事实的事实判断,而经济增长质量分析则属于一种讨论行为标准的价值判断。从研究方法来看,经济增长数量分析多采用实证分析的方法,而经济增长质量分析则以规范分析为基础但同时需要实证研究来说明其正确与否。从研究对象来看,经济增长数量分析以经济增长的数量变化为研究对象,而经济增长质量分析则以经济增长的质量提高为研究对象。

第三节　经济增长质量分析的基本框架

根据经济增长质量外延与内涵的界定,我们知道经济增长质量的考察维度包括经济增长的结构、经济增长的稳定性、福利分配以及资源环境代价四个方面,则经济增长质量可用函数表示为:

$$Q = Q(Struc, Stab, Welf, Cost) \qquad (2.1)$$

其中,Q 是经济增长质量水平,$Struc$ 代表经济增长的结构,$Stab$ 表示经济增长的稳定性,$Welf$ 为福利变化与成果分配,$Cost$ 指资源利用与生态环境代价。我们假定函数（2.1）满足以下性质：即对所有 $Struc > 0$、$Stab > 0$、$Welf > 0$ 和 $Cost > 0$，每一维度水平的改善会带来函数 $Q(\cdot)$ 正的提高，但这种正向的作用在边际上是递减的：

$$\frac{\partial Q}{\partial Struc} > 0, \frac{\partial^2 Q}{\partial Struc^2} < 0$$

$$\frac{\partial Q}{\partial Stab} > 0, \frac{\partial^2 Q}{\partial Stab^2} < 0$$

$$\frac{\partial Q}{\partial Welf} > 0, \frac{\partial^2 Q}{\partial Welf^2} < 0$$

$$\frac{\partial Q}{\partial Cost} > 0, \frac{\partial^2 Q}{\partial Cost^2} < 0$$

进一步，我们设函数（2.1）的形式为柯布道格拉斯型，则对函数（2.1）全微分可得，

$$dQ = \frac{\partial Q}{\partial Struc} \cdot dStruc + \frac{\partial Q}{\partial Stab} \cdot dStab + \frac{\partial Q}{\partial Welf} \cdot dWelf$$

$$+ \frac{\partial Q}{\partial Cost} \cdot dCost \tag{2.2}$$

对式（2.2）两边同乘以 $\frac{1}{Q}$，且对等式右端各项分别乘以 $\frac{Struc}{Struc}$、$\frac{Stab}{Stab}$、$\frac{Welf}{Welf}$、$\frac{Cost}{Cost}$ 就有：

$$\frac{dQ}{Q} = \frac{\partial Q}{\partial Struc} \cdot \frac{Struc}{Q} \cdot \frac{dStruc}{Struc} + \frac{\partial Q}{\partial Stab} \cdot \frac{Stab}{Q} \cdot \frac{dStab}{stab} + \frac{\partial Q}{\partial Welf} \cdot \frac{Welf}{Q} \cdot \frac{dWelf}{Welf} + \frac{\partial Q}{\partial cost} \cdot \frac{Cost}{Q} \cdot \frac{dCost}{Cost}$$

则有，

$$g = \xi_1 g_1 + \xi_2 g_2 + \xi_3 g_3 + \xi_4 g_4 \tag{2.3}$$

其中，$g = \frac{dQ}{Q}$，$\xi_1 = \frac{\partial Q}{\partial Struc} \cdot \frac{Struc}{Q}$、$\xi_2 = \frac{\partial Q}{\partial Stab} \cdot \frac{Stab}{Q}$、$\xi_3 = \frac{\partial Q}{\partial Welf} \cdot \frac{Welf}{Q}$、$\xi_4 = \frac{\partial Q}{\partial Cost} \cdot \frac{Cost}{Q}$ 分别表示各个维度的产出弹性，$g_1 = \frac{dStruc}{Struc}$、$g_2 = \frac{dStab}{Stab}$、$g_3 = \frac{dWelf}{Welf}$、$g_4 = \frac{dCost}{Cost}$ 分别表示各个维度的增

长率。

由式(2.3)可见,经济增长质量的提高来自于各个维度发生改善的贡献,这一方面依赖于各维度提高的增长率,而另一方面依赖于各维度的产出弹性。假定在一定时期内各个维度的产出弹性是不变的,据此,我们提出如下理论假说:

理论假说1:当经济增长的结构趋向于均衡时,经济增长质量会得到提高。

经济增长的结构是从经济增长的过程上来反映经济增长质量的,它的变化不仅会影响经济增长的数量,同时也影响了整体经济增长质量的高低。从经济增长结构与经济增长数量之间的关系来看,如果经济增长结构均衡,经济增长的效率就高,持续快速增长就有较大的潜力或可能性;如果经济增长结构失衡,就会导致资源配置不合理,经济运行效率低下,经济增长的有效性就会受到破坏。从经济增长结构与经济增长质量的关系来看,如果经济增长结构均衡就会对经济增长质量发挥正的贡献,而如果经济增长结构失衡就会制约经济增长质量的进一步提高,体现在式(2.3)中就是随着 $g_1 = \dfrac{dStruc}{Struc}$ 的增加 $g = \dfrac{dQ}{Q}$ 得到提高。具体来看,经济增长的结构主要从以下几个方面影响了经济增长的质量:首先,经济增长结构的优化有利于改善资源的配置状况,降低国民经济的中间消耗,从而提高经济增长的效率,促进经济增长质量的提高。从资源配置状况来看,由于资源是非常有限的,而经济增长中不同构成要素之间存在生产率的差异,如果生产率较低的部门或产业占据了过多的资源,那么整个经济运行的效率就不会太高。随着经济增长结构的变动,资源的配置结构也会相应地发生变化。当经济增长的结构优化时,各个部门或是产业的资源配置也就产生变化,资源从生产率增长较慢的部门向生产率增长较快的部门转移,从而促进经济增长效率的提高,促进经济增长质量的提高。从国民经济中间消耗来看,不同的构成要素所使用的中间投入大小是不同的,如果经济增长的结构优化,则国民经济的中间消耗率就会降低,从而经济增长的效率提高,经济增长的质量提高。其次,经济增长结构的优化有助于抑制经济增长的大幅波动,保持经济增长的稳定性,从而提高经济增长的质量。经济增长的结构在很大程度上决定着经济增长数量的波动状况,如果经济增长的结构失衡比较严重,就会引发和强化供求总量方面的矛盾,从而强制性地将经济运行压向低谷,形成大幅度的经济波动。随着经济增长结构的优化,各构成要素之间的发展相互协调,经济增长结构的失衡状况就会发生改善,造成经济增长数量剧烈波动的结构性矛盾弱化,经济增长的稳定性增强,从而经济增长质量获得提高。最后,经济增长结构的优化有助于改善一部分居民的福利水平,从而提高经济增长的质量。作为世界上最大的发展中国家,中国具有典型的二元经济结构特征,一方面存在着以城市工业为代表的现代经济部门,另一方面还存在着以手工劳动为特征的传统农业部门,并没有实现工业化和城市化。由于二元经济结构的存在,自 1978 年改革开放以来,占我国人口绝大部分的广大农民并没有充分享受到改革开放和经济增长的成果,其福利水平不仅没有提高,而且很有可能是下降了。如果二元经济结构可以转化,传统部门的劳动力与现代部门的资本能够有效结合,农村中大量过剩劳动力实现转移,这些农业剩余人口的转移不仅可以提高他们的收入水平,同时也可以提高我国的粮食生产率,并且这些转移到非农产业的人口还提高了对于粮食的需求,从而也有利于种粮农民收入水平的提高。在此基础上,占我国总人口近 2/3 的农民的福利水平获得改善,经济增长质量得到提高。

　　理论假说 2:如果经济增长没有出现剧烈波动,随着稳定性的增强经济增长的质量将得到提高。

　　作为经济增长质量重要维度之一的经济增长稳定性,是指经济增长没有出现"大起大落"式的剧烈和频繁的起伏变动,对均衡的偏离保持在一个较小的范围之内。经济增长稳定性的变化会影响到经济增长的数量,如果增长过程中波动幅度过大,则经济运行的机制就会受到干扰,资源配置受到影响,经济增长的速度降低,经济增长的可持续性受到破坏。同时,经济增长的稳定性还影响着经济增长的质量,如果经济增长稳定性强就会对经济增长质量发挥正的作用,而如果经济增长出现大起大落就会阻碍经济增长质量的进一步提高,体现在式(2.3)中就

是随着 $g_2=\dfrac{dStab}{Stab}$ 的增加 $g=\dfrac{dQ}{Q}$ 得到提高。具体来看,经济增长的稳定性主要从以下几个方面影响了经济增长的质量:首先,过度的经济波动会破坏经济长期稳定增长的内在机制,导致供求关系失衡、经济增长的结构失衡,从而造成资源的巨大浪费,影响经济增长的质量。如果经济波动的幅度过大,经济增长的运行机制和秩序就会遭到破坏,供求关系出现失衡。一旦发生经济过热,由于短缺的出现,价格开始上涨、利润增加由此吸引投资进一步增加,投资的增加带来总需求的进一步扩大,由此带来价格的进一步上涨,从而形成恶性膨胀的趋势。当这种趋势形成时就会出现过度的投资和过剩的生产能力,大量资源被浪费,资源配置的效率降低,从而导致经济增长质量的下降。如果经济增长对均衡的偏离保持在一个较小的、合适的范围之内,经济增长的运行就会顺利进行,资源配置的状况改善,资源配置的效率提高,从而经济增长质量获得提高。除了影响供求关系之外,经济过大的波动还会影响经济增长的结构。如果经济波动的幅度过大,就会导致经济增长的结构出现严重失衡,此时有限的资源就过多的被生产率较低的部门或产业占据,资源配置的效率降低,从而经济增长质量的水平也就受到负面的影响。其次,过度的经济波动会造成一部分居民福利水平的损失以及福利分配状况的恶化,从而降低经济增长的质量。如果经济波动的幅度过大,产出水平、价格水平或者就业水平发生剧烈波动,一方面部分居民的福利水平将会受到损失,因为价格水平的上涨会对居民的福利产生负面效应,居民的消费、医疗、住房等问题都会受到影响,从而经济增长质量降低。另一方面如果经济波动的幅度远超出适度的范围,则处于弱势地位的那部分居民就会面临被边缘化的危险,社会财富不平等程度增加,从而经济增长质量降低。改革开放 30 年以来,中国经济一直处于快速增长的水平,而与此同时,随着市场竞争激烈程度的增加,失业与收入的风险也在增加,收入分配的不平等程度变得愈来愈严重。穷人、病人、老年人、妇女以及失业者是社会中面临风险的主要群体,如果经济发生过度的波动,这些抵御能力较差的弱势群体就更容易成为受到影响的对象,从而居民福利分配状况变得更糟糕,经济增长质量降低。最后,过度的经济波动会造成经济增长成本的增加,从而影响经济增长的质量。一部分学者从产出波动的角度出发探讨经济增长波动的成本,得出的结论认为经济波动的福利成本是不容忽视的,政府在关心中国经济数量增长的同时,也应该关心经济运行的平稳性。由于经济波动过大会带来经济增长的成本增加,而经济增长稳定性的增强有助于降低经济增长的成本与代价,从而带来经济增长质量的提高。

理论假说3:当经济增长带来居民整体福利水平上升或成果分配改善时,经济增长的质量将会提高。

对于经济增长质量不仅需要从经济增长的动态过程上来考察,还应当关注到经济增长的结果问题。我们之所以关注经济增长的过程并不仅仅是为了其本身,更是为了经济增长的结果。具体来看,经济增长的福利变化与成果分配主要从以下几个方面影响了经济增长的质量:首先,居民福利水平的改善是我们追求经济增长的最终目的,是经济增长质量的核心内容。经济增长理论中对于经济增长的关注并不是简单为了经济增长的过程,而是因为经济增长的成果会带来整体居民福利水平的改善,它可以提高人们的收入水平、提高人们的衣食住行等物质条件,可以改善居民的健康状况,可以提高居民的受教育程度以及自身的素质。只有整体居民的福利水平都获得了改善与提高,才能实现我们追求经济增长的意义。但是这种福利水平的改善不仅仅是指整体层面的,还应当看到经济增长成果在居民间的分配状况。如果从总体层面上看居民福利水平获得了提高,但是其中经济增长成果的分配状况却发生恶化,这样的经济增长质量也是不高的。收入分配不平等程度的持续上升,不仅不利于全民分享经济发展的成果,而且也通过各种机制和渠道抑制了经济的增长。只有当经济增长的成果能够被绝大多数的人所享受时,经济增长才是一种高质量的增长。其次,经济增长的成果分配不平等会抑制消费需求,导致经济增长的结构失衡,从而抑制经济增长质量的提高。经济增长成果分配状况改善可以提高消费需求,优化经济增长的结构,从而促进经济增长质量的提高。最后,经济增长的成果分配不平等会影响人力资本投资,阻碍二元经济结构的转化,从而抑制经济增长质量的提高。在规模报酬递减的传统农业部门与规模报酬不变的现代部门同时并存的二元经济中，一单位的劳动投入在现代部门的产出要远高于传统农业部门的产出，劳动力从传统农业部门向现代部门转移可以促进总产出的增长，这也就意味着非熟练劳动力进行人力资本投资，变为熟练劳动力在现代部门从事生产可以推动经济的增长，反之则会抑制经济的增长。从短期来看，在初始财富分配不平等时，各收入阶层根据自身财富状况以及人力资本投资后的效用大小来选择是否在第一期进行人力资本投资。当人力资本投资的回报高于非熟练劳动力时，拥有较高财富的个体将选择进行人力资本投资，而拥有较少财富的个体将无法进行人力资本投资，从而影响到人力资本的积累，阻碍到经济的增长。从长期来看，财富分配影响个体的收入水平，也决定了其留给子女遗产的数量，而这又是其子女选择能否进行人力资本投资的决定性因素之一，最终经济中就会分化为高收入与低收入两个阶层，人力资本积累受到限制，总产出受到影响。收入分配不平等程度的持续上升，不仅不利于全民分享经济发展的成果，而且也通过人力资本积累机制阻碍了二元经济结构的转化，抑制了经济增长质量的提高。

理论假说 4：随着资源利用效率的提高和生态环境代价的降低，经济增长质量将会得到提高。

资源利用效率是经济增长质量的重要方面，它揭示了各种生产要素转化为产出的有效性。如果资源利用效率得到改进，那么同等数量的生产要素投入就可以得到比资源利用效率改进前更多的产出。而这其中最为关键的因素就是技术进步的作用，技术进步可以通过改变生产要素的组合来提高资源利用的效率。在不存在技术进步时，经济增长受到收益递减机制的限制。而当引入技术进步时，经济增长将出现收益递增，从而提高资源利用的效率。生态环境代价是从成本的视角来反映经济增长质量的，经济增长成本的高低从根本上取决于经济增长的方式，即生产要素的组合和使用方式。粗放型增长依靠的是生产要素数量的扩张，会在一定程度上造成对资源的过度开采和使用，并以环境污染与破坏为代价。通过转变经济增长的方式，把提高自主创新能力和节约资源、保护环境作为重要内容，可以降低投入与消耗、减少排放,从而提高经济增长的效率,提高经济增长的质量。具体来看,经济增长的资源利用与生态环境代价主要从以下几个方面影响了经济增长的质量:首先,资源利用效率的改进可以节约资源、改善生态环境,从而降低经济增长的成本,提高经济增长的质量。经济增长的资源利用效率可以从投入与产出两个视角来考察。从产出的角度看,它反映的是等量投入带来的产出变化。而从投入角度来看,它反映的就是单位产出的各种要素资源消耗的变化。因此,资源利用效率低主要表现在两个方面:一是高投入,主要是对投资品的过度需求;二是低产出,包括产出过少,及大量无效产出或是无效供给,两者最终的结果都表现为对资源的浪费。除此之外,资源利用效率低不仅导致了资源的过度利用,而且也加剧了环境的污染,目前我国的水源、大气等生态环境都受到很大程度的污染,我国每年因环境污染造成的损失也是相当巨大,从而带来高成本、低质量的经济增长。如果资源利用效率能够得以提高,那么资源存量和环境状况的问题就会改善,经济增长的代价就会变小,从而经济增长质量获得提高。其次,资源利用效率的改进有助于保持经济增长的持续性,改善生态环境,从而促进经济增长质量的提高。中国当前粗放型的经济增长是以过度的资源环境消耗为基础的,过度的资源消耗会使得经济增长的投入要素成本增加,从而影响经济增长的速度。与此同时,由于经济增长速度加快,在增长过程中过度的环境污染和生态的破坏的可能性就越大,从而威胁到人类的生产生活。资源和环境的承载力都是有限度的,如果在进一步经济增长的过程当中不有效提高资源的利用效率,那么过度的资源消耗,尤其是在工业化中期对大量资源的使用,最终会造成出现资源短缺的状态,从而制约经济的进一步发展。因此,对资源利用效率的改进可以保持经济增长的可持续性,降低生态环境代价,从而促进经济增长质量的提高。最后,生态环境改善可以提高居民整体的福利水平,从而提高经济增长的质量。对于福利这个概念,早期的福利经济学将其理解为社会福利中能够用货币衡量的那一部分。而在 20 世纪 40 年代左右,一些学者提出了社会福利函数理论,用一个包含消费、劳动、资本等经济要素的多元函数来表达福利水平。20 世纪 50 年代以后,由于收入分配不平等问题的凸显,促使许多学者开始重视人们的心理体验和真正意义上的幸福感受,将福利与幸福、快乐等同起来。20 世纪 60 年代以来,将收入水平等客观指标作为福利标准的研究受到质疑,福利的概念变得越来越宽泛,与人们生活质量息息相关的各种因素都被纳入到福利的范围之中。经济增长是推动健康生活所必须的,它可以从各个方面带来居民整体福利的改善,但毫无约束的增长却是有损于居民福利水平的,如果经济增长过程消耗越来越多的各种资源,那么作为居民生存载体的生态环境在承受太多人类活动之后就会遭到破坏,从而导致居民的福利水平下降,经济增长质量受到阻碍。

第四节　本章小结

经济增长质量的内涵包括经济增长过程方面的经济增长结构以及经济增长稳定性和经济增长结果方面的福利分配与资源环境代价。经济增长数量分析与经济增长质量分析是经济增长问题研究中两种截然不同的分析范式,它们在判断标准、研究方法以及研究对象方面都存在很大的区别。从判断标准来看,经济增长数量分析属于一种陈述客观事实的事实判断,而经济增长质量分析则属于一种讨论行为标准的价值判断。从研究方法来看,经济增长数量分析多采用实证分析的方法,而经济增长质量分析则以规范分析为基础但同时需要实证研究来说明其正确与否。从研究对象来看,经济增长数量分析以经济增长的数量变化为研究对象,而经济增长质量分析则以经济增长的质量提高为研究对象。在此基础上,本章采用归纳推理的方法构建出经济增长质量分析的基本框架、得出有关经济增长质量的四条基本理论假说:第一,当经济增长的结构趋向于均衡时,经济增长质量会得到提高;第二,如果经济增长没有出现剧烈波动,随着稳定性的增强经济增长的质量将得到提高;第三,当经济增长带来居民整体福利水平上升或成果分配改善时,经济增长的质量将会提高;第四,随着资源利用效率的提高和生态环境代价的降低,经济增长质量将会得到提高。

第三章　中国经济增长质量的
状态评价

　　在经济增长问题的研究中,经济增长数量分析与经济增长质量分析是两种截然不同的分析范式,它们在判断标准、研究方法以及研究对象等方面都存在着巨大的差别。现有相关文献大多是在经济增长数量分析的框架下展开研究,而很少从经济增长质量分析的框架入手进行考察。20 世纪末,随着各种经济增长质量问题的不断凸显,经济增长质量分析才开始受到经济学界的广泛关注。在现阶段的中国,结构失衡、收入不公平、环境污染等经济增长质量问题已经成为我国经济发展的关键内容,但成熟的、系统的经济增长质量分析成果却尚未形成,目前对于经济增长质量问题的研究集中于经济增长质量的定义和测度等基础性问题的讨论之上。那么,经济转型 30 年间中国整体的经济增长质量水平是提高还是降低了? 进一步,中国各个地区的经济增长质量水平又具有怎样的变动趋势,地区之间是一种一致的变化还是存在有明显的差异? 对以上问题的研究,不仅能让我们观察和把握到经济转型过程中中国经济增长质量的现实状态,还能够为理解中国的经济增长过程提供一个新的视角。

　　经济增长质量的测度是经济增长质量分析中的重要内容,是经济增长质量问题由定性分析转向定量分析的基础。关于经济增长质量状态的量化,现有研究主要存在三个方面的局限性:其一,现有度量中国经济增长质量水平的研究是在一个没有明确外延的经济增长质量定义基础上展开的,这就造成研究者在选择经济增长质量的测度指标时会具有很大的随意性,对同一研究对象经济增长质量水平的测度结果往往会存在较大的偏差 (彭德芬,2002;刘海英、张纯洪,2006);

其二，现有度量中国经济增长质量水平的研究大多采用主观赋值的方法来确定各指标的权重结构，而并未考虑数据自身的特征，从而使得测度结果的客观性不强（赵英才、张纯洪、刘海英，2006）；其三，现有度量中国经济增长质量水平的研究只是从全国总体层面上或者是单独以某一省区作为研究对象来进行经济增长质量水平的评价与判断，但却缺少对中国及各地区经济增长质量状态的全面测度（李永友，2008；钞小静、惠康，2009）。如果能够在一个统一的标准之下获得中国及各个地区经济增长质量状态的量化结果，就可以扩大研究的样本容量，实现地区差异的分析。而且更为重要的是，如果可以全面量化我国的经济增长质量水平，我们就会在经济增长质量问题由定性分析转向定量分析的进程上迈出一大步。基于此，本章将从经济增长质量分析框架出发，在具有清晰外延和准确内涵的经济增长质量定义基础上构建测度经济增长质量的指数，采用主成分分析法对中国以及各地区改革开放 30 年以来的经济增长质量水平进行度量并做出评价。

第一节　中国经济转型期的经济增长状态

新中国成立以后的前 30 年，中国经济经历了国民经济中由农业占主导地位转向大工业为主的发展过程，经济增长的数量扩张相对比较缓慢。这一阶段中国采用了以中央高度集权和政府指令计划为基本特征的计划经济体制，为在资金短缺背景下实现重工业优先发展战略，国家通过"工农产品价格剪刀差"来为资本密集型的重工业部门提供资金，同时通过城乡之间严格的户籍制度等安排来控制劳动力的流动以使资源配置能够体现出政府意志，这直接导致了工业部门和农业部门之间的二元经济结构。

1978 年改革开放之后，中国经济体制开始从传统的计划经济体制转向现代的市场经济体制，市场作为基本的资源配置手段开始广泛而深远地影响中国的经济发展。1978～2007 年，中国经济高速增长，以真实 GDP 反映的年均经济增长率高达 9.82%，2007 年真实 GDP 总量已经是 1978 年的近 15 倍。[①] 在此期间，产业结构也逐步升级，第一产业在国内生产总值中的比重由 28.2% 下降到 11.3%，第二产业比重从 47.9% 微调到 48.6%，第三产业从 23.9% 上升到 40.1%。与之相适应，就业结构也从 1978 年第一产业占 70.5% 下降到 2007 年的 40.8%，下降幅度远高于产出的下降幅度；第二产业从 7.4% 上升到 26.8%，第三产业从 9.1% 上升到 32.4%，上升了 23.3 个百分点，略高于产出的上升幅度。从物价水平来看，1978～2007 年间 CPI（居民消费价格指数）年均增长 5.85%。城镇居民家庭消费结构中食品支出比重，即恩格尔系数由 1978 年的 57.5% 下降到 2007 年 36.3%，农村居民家庭从 67.7% 降低到 43.1%，都由贫困（60% 以上）或是温饱状态（50%～60%）进入了小康生活（40%～50%）。

从经济增长的数量来看，中国经济转型的 30 年间经济是高速增长的，这不仅迅速扩大了中国的经济规模，更是从根本上改变了中国的落后面貌。那么从经济增长的质量来看，中国的经济增长又该如何进行评价，这涉及对经济增长质量的测度问题。

第二节　中国经济增长质量的整体描述与评价

一、经济增长质量的测度方法

经济增长质量如何度量？对这一问题的回答建立在对经济增长质量内涵界定的基础上，与现有研究中两种内涵观点相对应形成两种测度思路：全要素生产率与综合评价指标体系。从狭义效率视角来理解经济增长质量的学者大多都采用全要素生产率的变化来度量经济增长质量，而全要素生产率的提高又常常被主要归因于技术进步。目前全要素生产率的估算方法主要有：代数指数法、索洛残差法、隐性变量法以及潜在产出法，其中潜在产出法可分为两类即随机前沿分析法与数据包络分析法（Malmquist 指数法）。现有各种方法对中国全要素生产

[①]　真实 GDP 及其增长率根据《中国统计年鉴 2008》中相关数据计算而得。

率的估算基本表明：1978 年改革开放以来，中国的全要素生产率曾经存在一个基本上升的状态，20 世纪 90 年代中期以后呈下降的趋势（Gary Jefferson 等，2000；胡鞍钢、郑京海，2004）。但郑玉歆（2007）却认为用全要素生产率来测度经济增长质量存在着若干局限，在用全要素生产率评价经济增长质量时，由于没有考虑要素的长期影响以及数据的局限性，从而可能会导致结果产生较大的偏差。此外，提高经济增长质量的一个核心问题是实现资源的有效配置，而全要素生产率的增长并不能保证资源的有效配置。[①]

如果从广义视角来理解经济增长质量，则相应对经济增长质量的测度是通过一个综合的评价指标体系来实现，这其中主要涉及两个问题，其一是构成指标体系的各维度的选择与确定，这取决于对经济增长质量内涵的界定；其二是各基础指标的合成，在我国出现的相关研究文献主要采用相对指数法、层次分析法、熵值法和因子分析法等合成方法。相对指数法是将一系列指标变成可比的指数形式，然后进行简单加总或加权加总来评价的一种统计方法。如果采用简单算术平均就意味着各分类指标是等权重的，该假设未考虑到各分项指标之间可能存在的高度相关性，而且也主观认为各维度在经济增长质量中的作用是恒定不变的，加权平均法同样也会存在这样的权重结构问题。层次分析法是运用多因素分级处理来确定因素权重的方法，权重根据研究者对各指标重要性程度的认识进行赋值，在很大程度上依赖于人们的经验，主观因素的影响很大，它至多只能排除思维过程中的严重非一致性，却无法排除决策者个人可能存在的严重片面性。此外，这种方法比较、判断过程较为粗糙，不能用于精度要求较高的问题，至多只能算是一种半定量（或定性与定量结合）的方法。

熵值法属于一种客观赋权的方法，利用信息熵的工具根据各项指标值的变异程度来确定各分类指标的权重，但这种方法不能很好地反映相关指标之间的关系。因子分析法与主成分分析法也属于客观赋权

---

① 郑玉歆：《全要素生产率的再认识——用 TFP 分析经济增长质量存在的若干局限》，《数量经济技术经济研究》2007 年第 9 期，第 3～11 页。

的方法,这两种方法都是通过降维把多个具有相关性的指标约化为少数几个综合指标的指标合成方法,可以在尽可能保留原有数据所含信息的前提下实现对统计数据的简化,其中因子分析在应用上侧重于成因清晰性的综合评价,而主成分分析侧重于信息贡献影响力综合评价。对于包含四个维度的经济增长质量测度而言,因子分析法将原始变量分解为公共因子和特殊因子两部分因素,对新产生的主成分变量及因子变量计算得分,从而实现降维,虽然这种方法可以避免指标之间的高度相关性和权重确定的主观性,但是却无法准确刻画出各个维度的具体变化情况,只能得到公共因子的变动态势。主成分分析法的权重也是根据数据自身的特征确定而非人的主观判断,但与因子分析法所不同的是,采用这一方法可以获得构成经济增长质量各个维度的量化结果,所形成的权重结构可以充分反映经济增长质量各维度各基础指标对于形成总指数的贡献大小。刘海英、张纯洪(2006)采用因子分析法对转轨以来中国经济增长质量状况进行综合评价,但却在分析中将综合因子得分函数设定为主成分分析法的综合主成分函数,把因子贡献取为相关系数矩阵特征值,由于因子分析与主成分分析两种方法方差、最大化方向不同导致主成分值、因子得分值和综合评价值不同,不同方法交替使用会造成综合评价结果发生偏差。[①] 基于此,本章采用主成分分析法(Principal Components Analysis)来确定各单项指数在方面指数中的权重以合成方面指数,并进而采用同样的方法合成总指数对中国经济转型 30 年的经济增长质量状态进行评价。[②]

二、经济增长质量指数的构建

在经济增长质量内涵的界定中我们将其划分为经济增长的结构、经济增长的稳定性、经济增长的福利变化与成果分配以及资源利用和生态环境代价四个维度,由此我们构建的经济增长质量指数就包括四

---

① 刘海英、张纯洪:《中国经济增长质量提高和规模扩张的非一致性实证研究》,《经济科学》2006 年第 2 期,第 13～22 页。

② 所选定的权重为各指标得分值序列第一主成分的相应系数。

个方面的内容(见表 3-1)。

从经济增长结构测度指标的选择来看,经济结构可以根据国民核算账户体系区分为产业结构、投资消费结构、金融结构、国际收支结构,[①]据此我们从产业结构、投资消费结构、金融结构和国际收支结构这四个层面来测度经济增长的结构。根据产业结构相关理论及统计分析,产业结构常见的测度指标有工业化率、三次产业产值比、三次产业就业人数比、比较劳动生产率等。作为世界上最大的发展中国家,中国具有典型的二元经济结构特征,一方面存在着以城市工业为代表的现代经济部门,另一方面还存在着以手工劳动为特征的传统农业部门,Lewis,A.(1954)、Fei 和 Lanis(1957)的理论研究认为经济增长的基本路径就是促使二元经济结构转化,且钱纳里 H.、塞尔昆(1988)的实证研究也证实了他们的结论,二元经济结构的转化具有显著的增长效应。因此,在产业结构的度量中还需要考虑二元结构的转化问题,我们选择二元对比系数和二元反差指数作为备选测度指标。基于如上考虑,产业结构的二级分项指标有工业化率、三次产业比较劳动生产率、二元对比系数以及二元反差指数。[②]

根据投资消费相关理论及统计分析,投资消费结构的主要测度指标有全社会固定资产增长率、投资率、消费率、增量资本产出率等,其中投资与消费之间存在一个相对合适的比例,否则经济结构就会发生失衡,并不是仅仅投资率或消费率越高就越好。项俊波(2008)把投资率低于 38% 确定为一个正常区间,大于 45% 表明经济结构存在潜在危机,而将消费率高于 60% 确定为正常区间,低于 50% 界定为潜在危机。据此,除投资率和消费率之外我们还采用投资与消费的比率来测度投

---

① 项俊波:《中国经济结构失衡的测度与分析》,《管理世界》2008 年第 9 期,第 1~11 页。

② 工业化率的常见衡量指标有工业增加值占 GDP 比重、工业就业比重、非农产业增加值占 GDP 比重和非农产业就业比重,虽然我国工业增加值和非农产业增加值的统计口径发生过较大变化,但《中国国内生产总值核算历史资料(1952—2004)》中已经对其进行了修订与调整,因此本书采用修订后的工业增加值比重来衡量我国的工业化率。

资消费结构。根据金融结构相关理论及统计分析,金融结构的测度指标有金融相关率、银行业市场集中度、不良贷款率、市盈率以及 M_2/GDP 等,考虑到数据的可得性,我们选择 M_2/GDP 作为备选测度指标。根据国际经济收支相关理论及统计分析,常见国际收支结构的测度指标有贸易差额占 GDP 的比重、外汇储备/M_2、外贸依存度、偿债率等,我们选择外贸依存度作为国际收支结构的备选测度指标。

从经济增长稳定性测度指标的选择来看,经济增长过程中的周期波动主要是从产出波动、价格波动和就业波动三个方面进行考察,因此我们也从这三个层次来测度经济增长的稳定性,分别选择经济波动率、通货膨胀率和失业率作为测度指标。[1] 对于经济增长的福利变化与成果分配,福利变化主要是从总体上来考察经济增长所带来的居民的福利改善问题,我们主要从收入、健康、教育以及住房这四个方面入手,分别选择人均 GDP、人口死亡率、人均受教育年限以及人均住房面积作为基础指标,[2]而经济增长的成果分配主要涉及的是收入分配问题,国际上最常用的度量收入分配差距的指标是基尼系数,但是由于现有方法和数据的问题造成无法准确计算全国总体的基尼系数,程永宏(2007)论证了一种较新的方法来计算基尼系数,[3]但王春雷、黄素心(2007)对其结果产生质疑,认为这种方法求得的基尼系数的结果显著小于其给出的下限 0.3289。[4] 因为我国收入分配的差距主要表现在城乡收入差距上,所以现有文献中,也常用度量城乡收入差距的指标来反映收入分配的差距。城乡收入差距一般用城镇人均可支配收入与农村人均纯收入之比来度量。王少平、欧阳志刚(2008)认为这一度量方法

---

　　① 我国目前的失业率是指城镇登记失业率,不包括农村剩余劳动力,也不包括农村进城务工的劳动力。

　　② 反映教育状况较合适的指标为人均受教育年限,书中 1978～2005 年的数据来自 Holz(2005)包含军队的劳动力平均受教育年限,2006 年与 2007 年的数据我们根据《中国人口和就业统计年鉴》中人口受教育程度构成的相关数据计算而得。

　　③ 程永宏:《改革以来全国总体基尼系数的演变及其城乡分解》,《中国社会科学》2007 年第 4 期,第 45～60 页。

　　④ 王春雷、黄素心:《基尼系数与样本信息含量》,《数量经济技术经济研究》2007 年第 2 期,第 136～144 页。

没有反映城乡人口所占比重的变化,我国农村人口占有绝对大的比重,因此泰尔指数更适用于度量我国的城乡收入差距。[①] 因此,我们将程永宏(2007)计算的中国总体基尼系数、城乡收入比和泰尔指数都作为经济增长成果分配的基础指标。从经济增长的资源利用与生态环境代价这一维度的测度来看,对于资源利用我们采用全要素生产率、资本生产率以及劳动生产率、单位产出能耗水平作为基础指标,[②]对于生态环境代价我们选择单位产出大气污染程度、单位产出污水排放数、单位产出固体废弃物排放数作为基础指标。

表 3 - 1   经济增长质量指数构成一览表

方面指数	分项指标	基础指标	计量单位	指标属性		
				正指标	逆指标	适度指标
经济增长的结构	产业结构	工业化率	%	√		
		第一产业比较劳动生产率	—	√		
		第二产业比较劳动生产率	—	√		
		第三产业比较劳动生产率	—	√		
		二元对比系数	—	√		
		二元反差指数	—		√	
	投资消费结构	投资率	%	√		
		消费率	%	√		
		投资消费比	—			√
	金融结构	M2/GDP	%	√		
	国际收支	进出口总额/GDP	%	√		

---

① 王少平、欧阳志刚:《中国城乡收入差距对实际经济增长的阈值效应》,《中国社会科学》2008 年第 2 期,第 54～66 页。

② 如前所述,目前全要素生产率主要有四种估算方法:代数指数法、索洛残差法、隐性变量法以及潜在产出法。代数指数法不适用于实证分析,索洛残差法本身比较粗糙,而隐性变量法估算的全要素生产率增长率实际上仅仅反映了技术进步率,所以应当采用潜在产出法来估算全要素生产率。因此,本书使用潜在产出法中 Malmquist 指数法估算的结果(章祥荪、贵斌威,2008)。

续表

方面指数	分项指标	基础指标	计量单位	指标属性		
				正指标	逆指标	适度指标
经济增长的稳定性	产出波动	经济波动率	%		√	
	价格波动	通货膨胀率	%		√	
	就业波动	失业率	%		√	
经济增长的福利变化与成果分配	福利变化	人均GDP	元	√		
		人口死亡率	‰		√	
		人均受教育年限	—	√		
		人均住房面积	—	√		
	成果分配	基尼系数	—		√	
		城乡收入比	—		√	
		泰尔指数	—		√	
经济增长的资源利用和生态环境代价	资源利用	全要素生产率增长率	%	√		
		资本生产率	%	√		
		劳动生产率	%	√		
		单位产出能耗比	倍数		√	
	生态环境代价	单位产出大气污染程度	倍数		√	
		单位产出污水排放数	倍数		√	
		单位产出固体废弃物排放数	倍数		√	

　　表3-1列出了经济增长质量指数所使用的全部指标,从中可以看出,我们所选择的基础指标均为各维度具有较高代表性和可比性的核心指标,则经济增长质量指数就由28个基础指标构成。经济增长质量是一个高度复杂的问题,具有非常丰富的内涵,本节构建的经济增长质量指数力求能在总体上对中国经济增长质量的水平进行判断,当然不可避免的也会存在一些问题。

三、指标处理与数据描述

　　在经济增长质量指数构建的基础上,我们采用主成分分析法来获得中国 1978～2007 年的经济增长质量各基础指标的权重以及方面指数的权重,并进而求得经济增长质量总指数。在经济增长质量指数的构成中,由于各基础指标之间具有不可公度性,使得我们无法对其直接进行计算,需要进行一定的变换与处理。第一,经济增长质量的各基础指标属性并不一致。指标属性可以分为正指标、逆指标和适度指标三种,其中正指标是指指标值与指数值正相关,指标值越高表明经济增长质量越高;逆指标是指指标值越高反映经济增长质量越低。在经济增长质量指数中不同测度指标属性不同,如果对不同性质指标直接加总就不能正确反映不同作用力的综合结果,须先考虑改变逆指标数据性质,使所有指标对经济增长质量的作用力趋同化,再加总才能得出正确结果,因此我们对所有逆指标采取倒数形式。[①] 第二,经济增长质量的各项基础指标分别具有不同的量纲和量级,使得我们无法对其直接进行合成,而且如果直接采用原始测度指标,会造成主成分过分偏重于具有较大方差或数量级的指标,因此在进行主成分分析之前,我们需要对原始指标进行无量纲化处理。目前常见的无量纲化处理方法主要有极值化方法、标准化方法、均值化方法以及标准差化方法,而在现有研究中最常使用的是标准化方法。但标准化方法处理后的各指标均值都为 0,而标准差都为 1,它只反映了各指标之间的相互影响,在无量纲化的同时也抹杀了各指标之间变异程度上的差异,因此,标准化方法并不适合用于多指标的综合评价中。而经过均值化方法处理的各指标数据构成的协方差矩阵既可以反映原始数据中各指标变异程度上的差异,也可以包含各指标相互影响程度差异的信息。基于以上考虑,我们选择均值化方法对原始指标进行无量纲化处理。

本节中所采用的数据来自历年《中国统计年鉴》、《新中国五十五年统计资料汇编》、2008 年《中国人口和就业统计年鉴》以及 Holz(2005)

---

① 适度指标是指统计指标值与指数值之间不存在直接的正相关或负相关关系,因此在本书经济增长质量的指标体系构建时,尽量避免选择适度指标,除了投资消费比率外都选择了正指标和逆指标。

的研究成果。[①] 考虑到数据的可得性以及与同类研究的可比性，我们选择以 1978 年作为基期年。缺失数据的处理通过建立回归方程的方法，运用已有数据进行估测。在研究中其他指标都可以直接使用原始数据或进行简单计算获得，需要进行复杂处理的变量主要有：真实 GDP、泰尔指数、资本生产率、劳动生产率。对于真实 GDP 的计算，我们首先根据 2008 年《中国统计年鉴》中公布的国内生产总值指数（上年＝100）来计算 GDP 平减指数，国内生产总值指数（上年＝100）的定义为：

$$GDPI_t = \frac{GDP_t}{GDPD_t} / GDP_{t-1} \tag{3.1}$$

其中，GDPI 为国内生产总值指数，GDP 为名义国内生产总值，GDPD 是国内生产总值的平减指数，t 表示时间年份。根据 GDP 增长指数的定义，我们求得 GDP 平减指数的环比指数公式为：

$$GDPD_t = \frac{GDP_t}{GDP_{t-1} \cdot GDPI_t} \tag{3.2}$$

在此基础上，我们计算各个时期环比指数的连乘之积来求得以 1978 年为基期年的定基指数。通过名义 GDP 除以 GDP 平减指数（1978＝100）得到真实 GDP。

度量城乡收入差距的泰尔指数，我们采用王少平、欧阳志刚（2008）研究中的定义和计算公式，首先分别计算城镇与农村的收入份额与人口份额之比的自然对数，然后再用城乡收入份额作为权数，进行加权平均从而得到泰尔指数，即：

$$dis_t = \sum_{i=1}^{2} (\frac{p_{it}}{p_t}) \ln(\frac{p_{it}}{p_t} / \frac{z_{it}}{z_t}) \tag{3.3}$$

其中，dis_t 代表 t 时期的泰尔指数，i＝1,2 分别表示城镇和农村地区，z_{it} 表示 t 时期城镇或农村的人口数量，z_t 表示 t 时期的总人口，p_{it} 表示城镇和农村的总收入（用相应的人口和人均收入之积表示），p_t 表示 t 时期的总收入。

[①] Holz,C. :"The Quantity and Quality of Labor in China 1978—2000—2025", *Working Paper*,2005,pp. 1-81.

在资本生产率的计算中最重要的是对资本存量的估算,目前被普遍采用的资本存量的测算方法是永续盘存法,基本公式为:

$$K_t = K_{t-1}(1-\delta) + I_t \qquad (3.4)$$

其中,K 表示资本存量,δ 代表折旧率,I 是指投资。由于《中国统计年鉴》自 1991 年开始才公布固定资产投资价格指数,对于 1978～1990 年这一时期,我们使用张军、章元(2003)的固定资本投资价格指数,1991～2007 年采用《中国统计年鉴》中公布的固定资产投资价格指数,假设资本折旧率为 5%。根据求得的资本存量数据我们计算平均每单位资本的真实国内生产总值,以此作为 1978～2007 年的资本生产率。对于劳动生产率的计算,我们根据以平均受教育年限衡量的劳动力质量调整过的劳动来求得。基于以上分析,我们分别用以下变量来表示经济增长质量指数的各个基础指标,对所有逆指标采取倒数形式使其正向化,通过均值化方法对原始数据进行无量纲化处理,然后采用主成分分析法求得经济增长质量指数:

X_1:工业化率:工业增加值比重

X_2:第一产业比较劳动生产率:第一产业产值比重与就业比重的比率

X_3:第二产业比较劳动生产率:第二产业产值比重与就业比重的比率

X_4:第三产业比较劳动生产率:第三产业产值比重与就业比重的比率

X_5:二元对比系数:农业比较劳动生产率与非农业比较劳动生产率的比率

X_6:二元反差指数:非农业的产值比重与劳动力比重之差的绝对值

X_7:投资率:资本形成总额占支出法国内生产总值的比重

X_8:消费率:最终消费支出占支出法国内生产总值的比重

X_9:投资消费比:资本形成总额与最终消费支出之比

X_{10}:M_2/GDP

X_{11}:外贸依存度:进出口总额/GDP

X_{12}:经济波动率:经济增长率变动幅度的绝对值

X_{13}:通货膨胀率:居民消费价格指数

X_{14}:失业率:城镇登记失业率

X_{15}:人均GDP

X_{16}:人口死亡率

X_{17}:人均受教育年限

X_{18}:人均住房面积

X_{19}:基尼系数

X_{20}:城乡收入比

X_{21}:泰尔指数

X_{22}:全要素生产率增长率

X_{23}:资本生产率

X_{24}:劳动生产率

X_{25}:单位产出能耗比

X_{26}:单位产出大气污染程度

X_{27}:单位产出污水排放数

X_{28}:单位产出固体废弃物排放数

四、中国经济增长质量指数的计算及测度结果

在进行主成分分析时,既可以使用相关系数矩阵,也可以使用协方差矩阵。现有研究文献一般采用相关系数矩阵,使用正态标准化后的数据作为主成分分析的输入,这样可以消除量纲的影响,避免主成分过分依赖于量级过大的指标变量,但是正如以上分析,由于各指标变量都具有单位标准差,就可能导致低估或夸大不同指标的相对离散程度。而采用均值化后的协方差矩阵不仅可以消除量纲和数量级上的差异,还能保留各指标在离散程度上的特性,避免低估或夸大指标的相对离散程度。因此,本章选择协方差矩阵作为主成分分析的输入。

在现有运用主成分分析法进行多指标综合评价的研究中,一般根据前面几个主成分的累计贡献率大于某一特定值(如85%)来确定主成分的个数，在此基础上求得综合主成分值。单个主成分综合原始数据信息的能力是通过它贡献率的大小来衡量的，根据累计贡献率判断的方法其实只能反映前面几个主成分单独综合原始数据信息能力的总和，但是这样综合原始数据信息的能力是无法超过前面几个主成分的累积综合能力的，而且它也不可能超过第一主成分综合原始数据信息的能力。因此，我们采用第一主成分来确定各基础指标的权数，将第一主成分中各基础指标的系数作为各基础指标相应的权重，由此求得第一主成分值来代表各方面指数，再以同样的方法获得经济增长质量指数。运用SPSS16.0进行基于协方差的主成分分析，可得第一主成分的各基础指标变量系数向量和各基础指标相应的权重（见表3-2）。

表3-2　各基础指标系数向量与相应权数

方面指数	变量名称	变量系数向量	指数权数
经济增长结构	X_1	−0.19	−0.284503
	X_2	0.184	0.275518
	X_3	0.075	0.112304
	X_4	0.099	0.148241
	X_5	0.088	0.131770
	X_6	−0.036	−0.053906
	X_7	−0.065	−0.097330
	X_8	0.073	0.109309
	X_9	0.132	0.197654
	X_{10}	0.297	0.444722
	X_{11}	−0.486	−0.727728
经济增长稳定性	X_{12}	1.312	0.9789954
	X_{13}	−0.261	−0.194754
	X_{14}	−0.082	−0.061187

方面指数	变量名称	变量系数向量	指数权数
经济增长福利变化与成果分配	X_{15}	0.683	0.770878
	X_{16}	0.0020	0.002257
	X_{17}	0.139	0.156884
	X_{18}	0.301	0.339728
	X_{19}	−0.192	−0.216704
	X_{20}	−0.16	−0.180586
	X_{21}	−0.383	−0.432279
经济增长资源利用和生态环境代价	X_{22}	−1.949	−0.908726
	X_{23}	−0.269	−0.125422
	X_{24}	0.377	0.175777
	X_{25}	0.28	0.130551
	X_{26}	0.152	0.070870
	X_{27}	0.633	0.295138
	X_{28}	0.289	0.134747

　　在各基础指标的权重确定之后，我们求得各方面指数值（见表3-4），进而采用主成分分析获得各方面指数的权重（见表3-3）。其中，经济增长的资源利用和生态环境代价在第一主成分指数中的权重最高，为0.881211，这意味着在1978～2007年间中国经济增长质量的变化更多地体现在资源利用和生态环境代价这一维度上。经济增长的稳定性与福利变化、成果分配在经济增长质量指数中的权重大致相同，分别为0.268966和0.303167，这说明这两个维度对经济增长质量指数的贡献大小基本相当。经济增长结构维度的权重最小且为负值−0.243209，这是因为变量权重是由变量系数经特征根归一化后求得，而变量系数的相对大小与该变量方差的相对大小紧密相关，经济增长结构维度的变量系数为负值−0.576且特征根较大为5.609。

表 3-3　各方面指数对应系数向量与权重结构

方面指数	经济增长结构	经济增长稳定性	福利变化与成果分配	资源利用和生态环境代价
指数系数	−0.576	0.637	0.718	2.087
指数权数	−0.243209	0.268966	0.303167	0.881211

本节采用主成分分析法(PCA)来确定各单项指数在方面指数中的权重以合成方面指数,并进而采用同样的方法获得各方面指数的权重合成经济增长质量指数对中国经济转型以来 1978～2007 年的经济增长质量进行综合评价,所得测度结果见表 3-4。

表 3-4　中国 1978～2007 年经济增长质量指数测度结果汇总表

年份	方面指数				经济增长质量指数
	经济增长的结构	经济增长的稳定性	经济增长的福利变化与成果分配	经济增长的资源利用和生态环境代价	
1978	1.1570	−0.3404	−0.4099	−2.8825	−3.0374
1979	1.1552	−0.2715	−0.3978	−5.3672	−5.2042
1980	1.1064	1.5003	−0.3710	−3.1701	−2.7715
1981	1.0844	−0.2565	−0.5103	−2.0269	−2.2735
1982	1.1030	−0.3420	−0.6675	−2.8969	−3.1154
1983	1.0729	−0.1702	−0.7644	−2.2244	−2.4986
1984	0.9733	−0.3038	−0.8131	−2.4372	−2.7126
1985	0.7396	0.0408	−0.6796	1.4228	0.8789
1986	0.6528	−0.2346	−0.3175	2.8674	2.2086
1987	0.6223	−0.2016	−0.0761	−0.1608	−0.3703
1988	0.5886	1.6228	−0.0090	−0.6090	−0.2460
1989	0.5966	−0.1824	0.0037	0.8704	0.5740
1990	0.5288	0.4273	−0.0224	−1.2827	−1.1508
1991	0.3766	−0.2229	0.1425	−0.5713	−0.6118
1992	0.2715	−0.1551	0.3230	−2.9443	−2.6043

续表

年份	方面指数				经济增长质量指数
	经济增长的结构	经济增长的稳定性	经济增长的福利变化与成果分配	经济增长的资源利用和生态环境代价	
1993	0.1893	3.3443	0.4988	−2.6030	−1.2891
1994	−0.0326	0.5972	0.5945	0.8128	1.0650
1995	0.0316	0.1352	0.6306	−0.2134	0.0318
1996	0.1159	0.4538	0.6382	−0.1864	0.1231
1997	0.0700	0.5674	0.7068	−0.0711	0.2872
1998	0.0915	0.1611	0.8054	0.4129	0.6291
1999	0.0216	1.8049	0.9437	1.1531	1.7824
2000	−0.1334	0.3257	1.0825	0.8062	1.1587
2001	−0.1539	4.0708	1.2096	0.8663	2.2624
2002	−0.2962	0.3825	1.3746	1.5809	1.9848
2003	−0.5733	0.3734	1.5330	1.9437	2.4175
2004	−0.7638	4.8842	1.6787	2.5114	4.2215
2005	−0.9021	1.5589	1.8794	2.7444	3.6268
2006	−0.9983	0.3053	2.0979	2.3078	2.9946
2007	−1.0135	1.8127	2.1010	2.5377	3.6072

从表 3-4 中可以看出,自 1978 年以来中国的经济增长质量基本上呈现出波动中上升的态势,经济增长质量指数由最初的 1978年−3.0374 上升到 30 年之后 2007 年 3.6072。具体来看,在 1978～1986 年间经济增长质量是稳步提高的,而在 1987～1993 年出现了缓慢的下降,1994 年之后至 2007 年间一直处于逐步提高的过程之中。如图 3-1 所示,经济增长质量指数在不同阶段具体的变化趋势与资源利用和生态环境代价方面指数的变动趋势基本保持一致,1978～1986年间资源利用和生态环境代价方面指数由−2.8825 增加到 2.8674,而经济增长质量指数也由−3.0374 稳步提高到 2.2086;1987～1993 年资源利用和生态环境代价方面指数缓慢地下降到−2.6030,而经济增

长质量指数也逐渐降低到－1.2891；1994 年之后至 2007 年间资源利用和生态环境代价方面指数逐步提高到 2.5377，而经济增长质量指数也上升为 3.6072。这说明经济转型 30 年以来经济增长质量的变化主要体现在资源利用和生态环境代价方面，1978～2007 年中国经济增长质量的提高主要是由资源利用效率的改进和生态环境的改善所带来的，但这并不意味着我国的资源利用和生态环境代价问题已经处于非常好的状态，只要它相对于原有的基础水平取得了进步，体现在方面指数上就是其综合评价值的增加。目前中国处于工业化、城市化加速发展阶段，资源消耗的强度非常大且污染排放比较严重，靠大量消耗资源和牺牲环境来维持的高增长是一种不可取的增长方式。因此，如何通过资源利用效率的改进和生态环境问题的改善来提高经济增长质量就成为未来经济发展的迫切需要。为了不断提高我国经济增长方式的可持续性，就要推动经济增长方式的尽快转变，走新型工业化的道路，就要加快推进科技进步和提高自主创新的能力，就要加快建设资源节约型和环境友好型社会，就要加快建设创新型国家，完善自主创新激励机制。

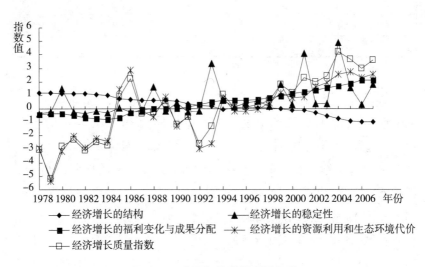

图 3-1　中国经济增长质量指数

　　从图 3-1 可以看出,经济增长的稳定性和福利变化及成果分配是另外两个带来经济增长质量指数提高的因素,它们在 1978~2007 年间基本处于上升趋势,经济增长稳定性指数从 1978 年的－0.3404 缓慢上升到 2007 年的 1.8127,而福利变化及成果分配指数由 1978 年的－0.4099 逐渐增加到 2.1010,经济增长质量指数的总体变化也受到这两个因素变化的影响。更具体地来看,在经济增长稳定性这一维度中,经济增长的波动率对经济增长质量指数贡献最大,而这主要得益于改革开放以来我国的经济波动率趋于缩小,呈现出经济周期波动微波化、稳定化的趋势(刘树成,2007)。因此,在充分发挥市场机制配置资源作用的同时,我们也要不断加强政府的宏观调控,保持宏观经济政策的连续性和稳定性。除了防止经济增长的大起大落之外,还应当看到价格波动和就业波动对经济增长质量提高的重要性,因为这两方面因素在过去 30 年的经济增长中作用并不是相当的明显,保持物价平稳、就业稳定同样对提高经济增长质量具有重要意义。

　　在经济增长的福利变化与成果分配维度中,主要是由整体福利水平的改善带来了经济增长质量指数的提高,伴随着经济增长数量的扩张,收入、健康、教育以及住房等各方面的问题也从总体上获得了改善,而成果分配方面与总体经济增长质量的变化关系则是反向的,在经济增长数量不断扩张的同时,广大人民却并没有充分享受到增长的成果,收入分配差距的拉大、不平等程度的上升制约着中国经济增长质量的提高。因此,从长期来看,我们应该在初次分配与二次分配中都注重收入分配的平等程度,重视由利益冲突向利益和谐的转化,这将影响我国经济增长质量的进一步提高。除了要妥善处理好经济增长和收入分配之间的关系之外,还应当完善社会保障和收入分配制度,注重为农村和城镇低收入者提供更好的基本公共服务。

　　值得我们注意的是,在 1978~2007 年间经济增长结构指数值一直处于缓慢下降的态势,由 1978 年的 1.1570 降低到 2007 年的－1.0135,经济增长的结构对经济增长质量指数的贡献是负向的,探究其原因可能主要是由于三次产业结构不协调、投资规模过大和国际收支结构不平衡等问题造成了经济增长结构的基础测度指标值过低,从而使得经济增长结构指数值降低。经济增长结构最主要的内容是产业结构，从产业结构看，1978～2007 年间，第一产业产值比重呈现为缓慢下降的趋势，而第二、第三产业的产值比重表现为波动中上升的态势，产业结构一直处于失衡状态，工业比重较大而服务业比重相对偏低。从二元经济结构来看，在中国经济转型的 30 年中二元反差指数的变动趋势与二元对比系数的变动趋势基本一致，经历了一个近似于"M"型的变化，自 2004 年以来二元经济结构并没有得到根本性的转化反而出现略微显著的趋势。从投资消费结构来看，受收入分配差距扩大和"重投资、轻消费"观念和体制的影响，我国投资消费结构也处于严重失衡的状态。正是由于上述问题的存在，才导致在对 1978～2007 年间中国经济增长质量指数进行测度的结果中经济增长结构指数值一直处于缓慢下降的态势。因此，需要不断优化经济增长的产业结构，调整投资和消费的关系，通过不断提高经济增长结构的协调性来提高经济增长质量。

第三节　中国地区增长质量的
评价与地区差异分析

对中国 1978～2007 年经济增长质量的测度结果表明，经济转型以来我国在经济增长数量迅速扩张的同时，经济增长质量也获得了一定程度的提高。但是，从区域的视角来看，中国地区经济发展是极不平衡的，那么各地区经济增长质量的状态又是怎样的？本节将在以上分析的基础之上构建中国各地区经济增长质量的综合评价指标体系，从多个不同方面对各省、自治区、直辖市的经济增长质量水平进行测度。需要进行说明的是：其一，经济增长质量不是一个简单的经济因素，而是一系列问题的综合反映，正因为如此，用数量指标来对经济增长质量问题进行分析与度量是一个极端复杂的问题，它涉及了经济增长的方方面面，则经济增长质量指数必须是由多方面、多个指标所构成的一个指标体系，而且这一体系不可能"穷尽"、涵盖经济增长质量所涉及的各个方面，反映经济增长质量的全部内容，我们所获得的经济增长质量指数只反映了经济增长质量的主要内容,只能对各地区经济增长质量水平进行一个基本的判断。其二,本书所构建的经济增长质量指数表示的是各地区经济增长质量的相对水平,可以进行各地区经济增长质量的横向比较和排序,并尽可能近似反映出各地区经济增长质量水平随着时间推进的顺序变化。

一、中国地区经济增长质量的描述与评价

(一)地区经济增长质量指数构建

考虑到各地区相关数据的可得性、指标体系的完整性以及总量分析与地区分析的差异,我们对上节构建的中国整体经济增长质量指数进行如下调整(见表3−5):第一,反映金融结构的常见指标为戈德史密斯的金融相关比率和麦金农的货币化程度,对中国总量层面金融结构的测度我们选择了 M_2/GDP。[①] 但是,由于中国银行体制的独特性造成金融资产无法按地区统计以及 M_2 数据无法按照各地区进行统计,用金融相关比率和货币化程度来衡量各地区金融结构是不能实现的。中国的主要金融资产集中在银行,而银行最主要资产为存款与贷款,利用地区各银行的存贷款数据与 GDP 的比率基本上可以揭示出中国地区金融结构状况(周立,胡鞍钢 2002)。基于此,对地区金融结构的测度我们选择存、贷款余额占 GDP 的比例作为衡量指标。第二,虽然反映教育状况较合适的指标为人均受教育年限,但由于各地区中部分年份的相关数据不可得,因此本节以各省在校学生人数占总人口的比重来测度受教育状况的改善,其中在校学生数由普通高等学校、普通中等学校、小学人数组成。第三,经济增长的成果分配主要涉及的是收入分配问题,国际上最常用的度量收入分配差距的指标是基尼系数,但是我国各地区基尼系数不存在被广泛认可的测算结果,因此,我们只采用城乡收入比和泰尔指数作为测度成果分配的基础指标。

[①] 金融相关比率(Financial Interrelative Ratio)是某一时点上一国全部金融资产价值与全部实物资产(即国民财富)价值之比,而货币化程度一般用 M_2/GDP 反映。

表 3-5 各地区经济增长质量指数构成一览表

方面指数	分项指标	基础指标	计量单位	指标属性		
				正指标	逆指标	适度指标
经济增长的结构	产业结构	工业化率	%	√		
		第一产业比较劳动生产率	—	√		
		第二产业比较劳动生产率	—	√		
		第三产业比较劳动生产率	—	√		
		二元对比系数	—	√		
		二元反差指数	—		√	
	投资消费结构	投资率	%	√		
		消费率	%	√		
		投资消费比	—			√
	金融结构	存款余额/GDP	—		√	
		贷款余额/GDP	—		√	
	国际收支	进出口总额/GDP	—		√	
经济增长的稳定性	产出波动	经济波动率	%		√	
	价格波动	通货膨胀率	%		√	
	就业波动	失业率	%		√	
经济增长的福利变化与成果分配	福利变化	人均GDP	元	√		
		人口死亡率	‰		√	
		在校学生人数/总人口	—	√		
		人均住房面积	—	√		
	成果分配	城乡收入比	—		√	
		泰尔指数	—		√	
经济增长的资源利用和生态环境代价	资源利用	全要素生产率增长率	%	√		
		资本生产率	%	√		
		劳动生产率	%	√		
		单位产出能耗比	倍数		√	
	生态环境代价	单位产出大气污染程度	倍数		√	
		单位产出污水排放数	倍数		√	
		单位产出固体废弃物排放数	倍数		√	

（二）地区经济增长质量指数测度的数据说明

本节中所采用的数据来自历年《中国统计年鉴》、各地区 2008 年统计年鉴、《新中国五十五年统计资料汇编》、《中国国内生产总值核算历史资料(1952~1996)》以及《中国国内生产总值核算历史资料(1952~2004)》。考虑到数据的可得性以及之后研究的需要，我们选择以 1978 年作为基期年。个别省份少数年份的缺失数据的处理通过对原有数据进行线性回归的基础上，用线性预测值来代替缺失值，应用 SPSS16.0 缺失值替换功能选项完成。因为大部分地区的历史数据从 1993 年开始修订，所以 1993~2004 年的相关数据我们采用《中国国内生产总值核算历史资料(1952~2004)》中修订后的数据，而其他年份则采用《新中国五十五年统计资料汇编》、各地区 2008 年统计年鉴和历年《中国统计年鉴》中的数据。由于西藏、海南资料不全，重庆在 1997 年后才成立，为保持数据与逻辑的一致性其数据合并到四川省，最终的数据涉及 28 个省市。

本节中所涉及的与上节相同的变量我们采用同样的数据处理方法，除此之外需要说明的是：在经济增长结构方面指数中，产业结构的相关指标根据三次产业的产值比重和就业比重计算而得，1993~2004 年的三次产业产值比重我们采用《中国国内生产总值核算历史资料(1952~2004)》中修订后的数据，其他年份则使用《新中国五十五年统计资料汇编》和各地区《统计年鉴 2008》中的数据。在经济增长的福利变化与成果分配指数中，人均实际 GDP 我们用以 1978 年为基期年的真实 GDP 除以年底总人口计算而得；人均住房面积我们用城镇人口和农村人口占总人口比重为权数对城市和农村的人均住房面积加权求得。

在资源利用和生态环境代价指数中，全要素生产率和资本生产率两个指标都涉及对于资本存量的计算，我们选择目前被普遍采用的永续盘存法来计算各地区的物质资本存量，资本存量的估算可以写成：

$$K_{it} = K_{it-1}(1 - \delta_{it}) + I_{it} \qquad (3.5)$$

其中 i 指第 i 个地区，t 指第 t 年。(3.5)式一共涉及四个变量，当年投资 I 的选取、投资品价格指数的构造、经济折旧率 δ 的确定以及基

期年资本存量 K 的确定。由于近期研究一般都采用资本形成总额或固定资本形成总额来度量投资,因此本书选择固定资本形成总额来衡量当年投资,1993～2004 年的数据来自《中国国内生产总值核算历史资料(1952～2004)》,其余年份则采用《新中国五十五年统计资料汇编》和《中国统计年鉴》中的数据。1991 年之前各地区的固定资本价格指数是缺失的,张军等(2004)依据《中国国内生产总值核算历史资料》中固定资本形成总额指数计算出各省历年投资隐含平减指数,发现这一方法求得的各省 1991～1995 年的这一指数与《中国统计年鉴》中公布的这一时期的各省固定资本投资价格指数基本一致。[①] 因此,我们用1978～1992 年各省的投资隐含平减指数代替固定资本价格指数,1993年之后的数据则直接采用《中国统计年鉴》中公布的内容,在此基础上求得以 1978 年为基期年的不变价格表示的真实固定资本形成总额。基期年的资本存量我们按照国际常用方法计算:

$$K_0 = I_0 / (g + \delta) \tag{3.6}$$

其中, K_0 是基期年资本存量, I_0 是基期年投资额, g 是样本期真实投资的年平均增长率。经济折旧率我们采用张军等(2004)的研究成果为 9.6%,缺失数据的处理也采用和他们同样的方法。

对于全要素生产率的计算,实证研究中常用的是生产函数法,即索洛残差法,在估计出总量生产函数后,用产出增长率扣除各投入要素增长率后的残差来度量全要素生产率的增长率,这种方法简明直观且便于计算。近年来许多学者采用基于 DEA 的 Malmquist 指数方法来测度全要素生产率,这种方法的优点在于它不需要提供要素价格的信息,适用于多个对象之间的面板数据分析,并且可以将测算的 TFP 分解为技术进步和技术效率变化之积,而技术效率又进一步分解为纯技术效率和规模效率之积。由于本书中只把全要素生产率当做是构成经济增长质量指数的一个指标,Malmquist 指数方法的优点不能充分得到体现而数据处理方法又非常复杂,因此我们采用方法简单、结论直观的索

---

① 张军、吴桂英、张吉鹏:《中国省际物质资本存量估算:1952～2000》,《经济研究》2004 年第 10 期,第 35～43 页。

洛残差法来计算各地区的全要素生产率。给定如下形式的生产函数：

$$Y_t = AK_t^\alpha L_t^{1-\alpha} \qquad (3.7)$$

其中，Y 代表产出，K 代表资本存量，L 代表劳动，A 和 α 分别表示索洛残差和资本的产出弹性。经过简单推导可得如下增长核算公式：

$$\dot{Y} = \dot{A} + \alpha\dot{K} + (1-\alpha)\dot{L} \qquad (3.8)$$

其中带点(·)的项表示相应变量的连续时间增长率，一般可以用年度百分比变化或者相应变量对数值的一阶差分来近似，这两种方法在年度变化的可观测程度上只有微小的差异，本书中采用年度百分比的变化来表示。对于资本的产出弹性值 α，郑京海等(2008)通过对现有研究结果的比较分析得出可以放心地使用数值为 0.5 的资本份额，因此本书中 α 的取值为 0.5。根据式(3.8)我们用各地区真实 GDP 的增长率来表示产出增长率，用各地区资本存量和就业人数作为经济增长的要素投入，资本和劳动的权重均取为 0.5，由此求得各地区的全要素生产率增长率。

在资源利用和生态环境代价指数中，《中国统计年鉴》仅提供 1990 年以后各地区的工业废水、工业废气以及工业固体废物的排放量，从而导致 1978~1989 年的相关数据不可得。我们用 1990~2007 年各地区不变价工业增加值对其各自的工业废水、工业废气以及工业固体废物排放量进行 OLS 回归，发现拟合度较高。因此在 1978~1990 年，我们采用回归得到的各地区的系数和不变价工业增加值的数据来估算求得这些年份各地区工业废水、工业废气以及工业固体废物的排放量。此外，个别省份 1985 年之前的能源消费总量数据无法获得，通过对 1985~2007 年真实地区生产总值与能源消费总量进行 OLS 回归，发现拟合度非常高，因此对于缺失 1978~1984 年数据的省份采用对应的真实地区生产总值回归来进行估算。经济增长质量指数涉及 28 个基础指标，各地区相关数据的获取远比全国层面的困难得多，许多年份的数据都是缺失的，因此各地区经济增长质量指数的数据集质量并不是很高。

（三）中国各地区经济增长质量的测度

与中国经济增长质量整体水平的测度方法相同,我们对所有逆指标采取倒数形式使其正向化,通过均值化方法对原始数据进行无量纲化处理,然后采用主成分分析法求得各地区的经济增长质量指数。各地区代表性年份的经济增长质量指数及其排名如表3-6、表3-7所示:表3-6给出了各地区代表性年份的经济增长质量指数值,总体来看,与对中国总量层面1978~2007年经济增长质量进行测度的结果基本一致,自1978年以来各省市自治区的经济增长质量水平都得到一定程度的提高,但在各省市区之间经济增长质量存在很大差异。在测度结果中,个别省份个别年份的经济增长质量指数值出现明显高于其他值、骤然增加的情况,这主要是由两个原因造成的:一是因为在经济增长稳定性方面指数中经济波动率是根据经济增长率的变动幅度绝对值计算而得,而经济增长率可能在某两个连续年度是相近或是相等的,由此求得的相应年份的经济波动率就可能趋近于0。由于经济波动率这一指标为逆指标,在计算过程中我们对其采取倒数形式使其正向化,这就造成经济波动率的倒数值非常高,均值化后由于与均值差距大而造成得到的指标值特别高,进而在指标合成后导致经济增长稳定性方面指数值极高,经济增长质量指数值发生巨大变化;二是因为在经济增长的资源利用与生态环境代价指数中,单位产出固体废弃物排放数是依据工业固体废物排放量与真实地区生产总值相除求得,且同样由于这一基础指标为逆指标,需要采取倒数形式使其正向化,各地区的工业固体废物排放量在近年来下降幅度非常大,对其取倒数后所得值就会特别高,从而导致与经济波动率相类似的情况出现,经济增长质量指数值会在个别年份突然提高很多。

表3-6 代表性年份省市自治区经济增长质量指数值

年份 地区	1978	1980	1985	1990	1995	2000	2005	2006	2007
北京	−1.9660	−0.4214	−3.8906	−3.3646	1.2844	4.3356	3.5825	5.7120	25.8634
天津	−0.1563	−0.2210	28.7320	0.1688	−0.0308	−0.2203	−0.2737	−0.4547	−0.3319
河北	−3.6320	−1.2939	−0.1380	0.8264	1.9908	2.3153	4.5039	7.0663	5.4586

续表

年份 地区	1978	1980	1985	1990	1995	2000	2005	2006	2007
山西	0.5477	1.3950	1.4828	−0.7630	−1.9572	−2.1931	−3.5288	−3.6595	−4.2328
内蒙古	−0.3526	−0.6615	0.6939	0.4889	1.3026	2.0489	3.9570	5.7158	19.7773
辽宁	−1.0177	−0.8054	0.0921	−0.7063	1.2878	2.2751	6.3336	4.4511	12.6604
吉林	0.6353	3.2265	1.1017	0.1529	−1.5649	−0.5058	−0.9879	−0.5230	−0.6024
黑龙江	−1.3447	−0.4805	−1.7160	0.8333	1.8138	3.1564	4.9369	3.7239	5.0795
上海	−1.7472	−0.2967	0.8573	0.5142	3.4489	4.1486	5.0811	5.6153	7.1574
江苏	−0.5564	−0.8993	0.2202	−0.8137	1.5983	2.0950	6.6428	10.0238	4.9020
浙江	−6.3453	−0.7278	−0.2685	0.0947	0.8912	2.1120	3.7130	4.2534	11.1447
安徽	−0.4691	−1.0076	−0.3236	0.0307	2.8790	2.0412	7.9365	8.6706	7.8117
福建	−1.7352	−5.8529	0.0998	0.4151	1.0380	2.2005	4.3242	5.5769	7.5130
江西	0.0138	−0.1910	0.7417	0.4349	1.4274	3.7872	5.9088	6.5347	6.8029
山东	−0.2956	−0.4901	0.1359	0.6106	1.8004	4.1530	8.1670	5.8109	5.7429
河南	−0.1413	−0.1406	−0.0949	2.1575	2.0870	1.7255	5.9949	8.8271	11.4659
湖北	0.0548	−0.0709	−0.0011	0.1966	1.4966	2.0752	3.1840	3.9436	5.0574
湖南	0.0215	−0.2724	0.3800	1.0379	2.7155	3.1215	5.0127	6.5240	7.9218
广东	−0.3156	−0.6067	0.1014	0.6196	1.9437	3.1187	4.4066	4.9337	9.4795
广西	−12.7969	−0.2117	−0.1138	0.1060	0.2286	2.2508	0.6941	2.5443	4.2599
四川	−0.0334	−0.1653	0.4226	0.7415	2.2703	2.6881	5.7171	6.2023	5.7119
贵州	0.1020	−0.0418	0.1170	1.0486	0.8230	1.7699	3.6951	19.5434	2.9966
云南	−0.6501	−0.4356	−0.0043	0.2648	2.1514	3.4814	6.0664	5.4462	7.2781
陕西	−0.1234	0.6606	0.7429	1.3866	2.0694	5.4358	6.8094	7.2753	6.7068
甘肃	0.3542	0.1720	1.2486	0.9431	2.4569	3.2447	6.7772	7.5986	8.5747
青海	0.0091	5.2758	1.9896	−4.1963	2.8435	1.0558	5.6363	11.2226	6.4958
宁夏	−0.0659	0.0309	0.1154	0.5699	1.2309	1.9269	4.6440	3.0599	9.1661
新疆	0.8217	−0.0295	0.0686	0.5002	1.8306	3.1742	3.7430	5.2772	4.6958

表3−7　代表性年份省市自治区经济增长质量指数排名及排名变化

年份 地区	1978	1980	1985	1990	1995	2000	2005	2006	2007
北京	25	17(8)	28(−11)	27(1)	20(7)	2(18)	23(−21)	14(9)	1(13)

续表

地区＼年份	1978	1980	1985	1990	1995	2000	2005	2006	2007
天津	14	14(0)	1(13)	19(−18)	26(−7)	26(0)	26(0)	26(0)	26(0)
河北	26	27(−1)	24(3)	7(17)	10(−3)	13(−3)	16(−3)	8(8)	19(−11)
山西	3	3(0)	3(0)	25(−22)	28(−3)	28(0)	28(0)	28(0)	28(0)
内蒙古	17	22(−5)	9(13)	14(−5)	18(−4)	20(−2)	19(1)	13(6)	2(11)
辽宁	21	24(−3)	18(6)	24(−6)	19(5)	14(5)	6(8)	20(−14)	3(17)
吉林	2	2(0)	5(−3)	20(−15)	27(−7)	27(0)	27(0)	27(0)	27(0)
黑龙江	22	19(3)	27(−8)	6(21)	13(−7)	9(4)	14(−5)	23(−9)	20(3)
上海	24	16(8)	6(10)	12(−6)	1(11)	4(−3)	12(−8)	15(−3)	13(2)
江苏	19	25(−6)	12(13)	26(−14)	15(11)	18(−3)	5(13)	3(2)	22(−19)
浙江	27	23(4)	25(−2)	22(3)	23(−1)	17(6)	21(−4)	21(0)	5(16)
安徽	18	26(−8)	26(0)	23(3)	2(21)	21(−19)	2(19)	5(−3)	10(−5)
福建	23	28(−5)	17(11)	16(1)	22(−6)	16(6)	18(−2)	16(2)	11(5)
江西	8	12(−4)	8(4)	15(−7)	17(−2)	5(12)	9(−4)	9(0)	14(−5)
山东	15	20(−5)	13(7)	10(3)	14(−4)	3(11)	1(2)	12(−11)	17(−5)
河南	13	10(3)	22(−12)	1(21)	8(−7)	24(−16)	8(16)	4(4)	4(0)
湖北	6	9(−3)	20(−11)	18(2)	16(2)	19(−3)	24(−5)	22(2)	21(1)
湖南	7	15(−8)	11(4)	4(7)	4(0)	10(−6)	13(−3)	10(3)	9(1)
广东	16	21(−5)	16(5)	9(7)	11(−2)	11(0)	17(−6)	19(−2)	6(13)
广西	28	13(15)	23(−10)	21(2)	25(−4)	15(10)	25(−10)	25(0)	24(1)
四川	10	11(−1)	10(1)	8(2)	6(2)	12(−6)	10(2)	11(−1)	18(−7)
贵州	5	8(−3)	14(−6)	3(11)	24(−21)	23(1)	22(1)	1(21)	25(−24)
云南	20	18(2)	21(−3)	17(4)	7(10)	6(1)	7(−1)	17(−10)	12(5)
陕西	12	4(8)	7(−3)	2(5)	9(−7)	1(8)	3(−2)	7(−4)	15(−8)
甘肃	4	5(−1)	4(1)	5(−1)	5(0)	7(−2)	4(3)	6(−2)	8(−2)
青海	9	1(8)	2(−1)	28(−26)	3(25)	25(−22)	11(14)	2(9)	16(−14)
宁夏	11	6(5)	15(−9)	11(4)	21(−10)	22(−1)	15(7)	24(−9)	7(17)
新疆	1	7(−6)	19(−12)	13(6)	12(1)	8(4)	20(−12)	18(2)	23(−5)

注:表中括号中的值为各省市自治区经济增长质量指数的排名变化,且排名变化是指相对于相邻年份的变化而非基期年1978年。

　　表3－7列出了各省市自治区代表性年份经济增长质量指数的排名及变化情况,1978年经济增长质量水平排名前10位的是:新疆(1),吉林(2),山西(3),甘肃(4),贵州(5),湖北(6),湖南(7),江西(8),青海(9),四川(10),这10个省区中包括5个西部省区和5个中部省份,而东部省市的排名则没有一个进入前十位。[1] 1978年经济增长质量水平排名在11～20位的是:宁夏(11),陕西(12),河南(13),天津(14),山东(15),广东(16),内蒙古(17),安徽(18),江苏(19),云南(20),这10个省市区中包括4个东部省市、2个中部省份和4个西部省自治区。1978年经济增长质量水平排名在21～28位的是:辽宁(21),黑龙江(22),福建(23),上海(24),北京(25),河北(26),浙江(27),广西(28),这8个省市区中包括6个东部省市、1个中部省份和1个西部自治区。由此可见,在经济开始转型的1978年,经济增长质量水平较高的省区都集中于西部地区,而东部省市的经济增长质量指数排名大多处于靠后的位置。从1978年到2007年全国各省市区经济增长质量指数值的排名变动很大,在1978年排名前三位的新疆、吉林、山西到2007年的排名已经分别下降到23、27、28,而最初排名靠后的北京、辽宁、浙江等省市却提高到较前的位置。2007年经济增长质量水平排名前10位的是:北京(1),内蒙古(2),辽宁(3),河南(4),浙江(5),广东(6),宁夏(7),甘肃(8),湖南(9),安徽(10),这10个省市自治区中包括4个东部省市、3个中部省份和3个西部省区。2007年经济增长质量水平排名在11～20位的是:福建(11),云南(12),上海(13),江西(14),陕西(15),青海(16),山东(17),四川(18),河北(19),黑龙江(20),这10个省市区中包括4个东部省市、2个中部省份和4个西部省区。2007年经济增长质量水平排名在21～28位的是:湖北(21),江苏(22),新疆(23),广西(24),贵州(25),天津(26),吉林(27),山西(28),这8个省市

区中包括 2 个东部省市、3 个中部省份和 3 个西部省区。

二、中国地区经济增长质量的差异及其收敛性分析

地区经济增长差距一直是经济增长理论研究的重要课题之一。现有相关文献主要在两种框架下展开研究:一种是经济增长数量框架,以人均 GDP 或劳均 GDP 为核心研究国家或者地区之间的经济增长差距(Barro 和 Sala-i-Martin,1992;Temple,1999;Hobijin 和 Franses,2000);另一种是经济增长的效率框架,以全要素生产率为内容探讨地区经济增长的差距(Bernard 和 Jones,1996;Miller 和 Upadhyay,2002)。经济增长本身是一个涵盖了数量与质量两方面内容的概念,它外在表现为总数量的扩张,而内在表现为质量的提高,所以对地区经济增长差距的考察也应该从这两个层面来进行。虽然效率视角从一个侧面反映了经济增长的质量,但是很显然现有研究仍缺乏完整意义上的经济增长质量视角的分析,上述两种框架并不能实现对地区经济增长差距的全面考察。

经济转型三十多年以来,中国整体经济保持了持续高速增长的态势,但各地区间的经济增长却表现出明显的非一致性,尤其是自 20 世纪末以来各地区的经济增长不平衡程度呈现出显著扩大的趋势,地区经济增长差距问题受到越来越多学者的广泛关注。总体而言,对于中国地区经济增长差异的研究也主要是在经济增长数量和经济增长效率两种框架下来研究地区经济增长差距的变动趋势以及影响地区差距的主要因素,但却没有考虑地区间经济增长质量的差异问题。在过去的几十年中,我们一直把经济增长的数量与速度作为发展经济的首要目标,2007年党的十七大将"又快又好"的发展目标转变为实现"又好又快"的发展,将经济增长质量问题放在更为重要的位置之上,政府这一工作重点的调整不仅体现出我国经济发展理念的转变,而且也有力地说明当前经济增长质量问题已经成为我国经济发展的关键内容。那么,从经济增长质量的视角来看,中国地区之间经济增长差距的表现是怎样的,是一种不断扩大的态势还是具有一定的收敛趋势? 对这一问题的回答,不仅能让我们全面把握经济转型过程中中国地区经济增长差距的现实状态,还能够为理解中国的地区经济增长差距提供一个新的视角。基于此,与现有研

究所不同的是,本节将从经济增长质量的视角出发,对 1978~2007 年中国地区经济增长质量的差异及其收敛性进行分析。

(一)地区差异的研究思路与分析方法

现有对于不同国家或者地区经济增长差距的研究主要集中于经济增长数量框架下,以人均 GDP 作为地区经济增长水平的度量来分析地区差距的变动趋势及其收敛性。从经济增长收敛性理论研究的成果来看,主要形成三种思路:绝对收敛、条件收敛以及俱乐部收敛。如果地区之间的经济增长差距不是永久性的,就称经济存在绝对收敛;如果地区之间的差异与初始条件无关,只是由经济结构异质性造成的,则称经济中存在条件收敛;如果这种差异是由初始条件和经济的结构异质性共同决定,即使在经济结构相同的地区,由于初始水平的不同,也可能导致收敛到不同的均衡,我们称经济中存在俱乐部收敛。[①] 新古典增长理论阐释了两种类型的收敛,一种是 Solow 模型和 R—C—K 模型的绝对收敛;另一种是 Barro 方程与 MRW 模型的条件收敛。由于 20世纪 80 年代中期世界范围内国家之间的经济增长差距不但没有缩小反而出现扩大的趋势,使得新古典增长理论的绝对收敛思路受到质疑。此时出现的新增长理论提出因为技术进步可以实现规模报酬不变或递增,所以从长期来看地区经济增长很可能会呈发散态势。但是由于新增长理论无法解释部分国家之间出现的经济增长趋同现象,于是又出现了基于新古典理论的条件 β 收敛,这一思路放松了绝对收敛关于国家之间唯一区别在于其初始资本水平这一关键性假设,认为只有当所有经济收敛于相同的稳态时,落后地区的经济增长快于发达地区才成立(Barro 和 Sala-i-Martin,1992;Mankiw et al.,1992;Sala-i-Martin,1996)。Galor(1996)将收敛性的研究进一步深化,指出新古典理论不仅可以导出条件收敛,还可以推出俱乐部收敛,即使在各个国家或地区

---

① 收敛代表性的统计概念有 σ 收敛和 β 收敛,σ 收敛是指经济增长的分散程度随着时间的推移而不断下降,β 收敛是指不同地区间的经济增长速度与其初始水平负相关。σ 收敛是针对存量水平而言,而 β 收敛是针对增量而言,Sala-I-Martin(1996)认为 β 收敛是 σ 收敛的必要非充分条件。

的技术、偏好、人口增长、政策、要素市场结构等结构特征都相同的情况下,如果初始水平不同,它们也可能会收敛到不同的均衡,这称为经济中存在俱乐部收敛。[①]

在经济增长数量框架下对地区经济增长差距进行实证研究的文献非常丰富,归纳起来主要采用了四种方法:(1)统计指标法。通过各种描述地区经济增长差异的不平等指数来对地区经济增长差距进行数量描述与分解分析,一般来说常见的衡量地区经济增长差距的指数有 σ 收敛指数、变异系数、基尼系数法以及泰尔指数法(Dagum,1997;Shorrocks,1980)。(2)回归分析法。这是地区经济差距实证分析中最常使用的一种方法,包括横截面回归(Baumol,1986;Barro,1991;Mankiw et al.,1992)和面板数据回归(Islam,1995;Caselli,Esquivel和Lefort,1996;Lee,Pesaran和Smith,1998)。Baumol(1986)依据新古典经济增长理论建立了 β 收敛模型,采用横截面回归分析法对16个OECD国家的经济收敛情况进行考察,结果显示这些国家之间具有较强的增长收敛性。[②] Mankiw,Romer,和Weil(1992)在索洛模型基础上加入人力资本变量,使用横截面回归分析法研究了121个国家的经济收敛情况。[③] Islam(1995)选取121个国家的面板数据为样本进行实证研究,得出面板数据估计的条件收敛率高于横截面数据估计得到的收敛率。[④] 回归分析法的优点在于它可以在验证收敛性是否存在的同时,通过控制影响地区经济增长差距的变量来分析地区差距形成的原因,而它的不足之处在于无法区分收敛与非收敛之间的中间状态而且无法揭示出所有地区经济增长的分布动态。(3)时间序列方法。这

① Galor,O.:"Convergence? Inferences from Theoretical Models",*The Economic Journal*,1996,106,pp. 1056 - 1069.

② Baumol,W. J.:"Productivity Growth,Convergence and Welfare:What the Long-run Data Show",*American Economic Review*,1986,76,pp. 1072 - 1085.

③ Mankiw,N. G.,D. Romer and D. N. Weil.:"A Contribution to the Empirics of Economic Growth",*The Quarterly Journal of Economics*,1992,107,pp. 407 - 438.

④ Islam,N.:"Growth Empirics:A panel Data Approach",*Quarterly Journal of Economics*,1995,110,pp. 1127 - 1170.

种方法主要通过单位根检验和协整分析来研究在长期内各个地区之间的人均产出差异是否会逐渐消失,一般而言需要足够长的时间段(Bernard 和 Durlauf,1995,1996;Evans,1998;Kutan 和 Yigit,2005)。Bernard 和 Durlauf(1995)通过时间序列方法对 15 个 OECD 国家 1900~1987 年间的样本数据进行经验研究发现,这 15 个国家的人均产出并不存在收敛趋势。[①] Kutan 和 Yigit(2005)采用面板单位根检验对欧洲各国 1993~2003 年的相关数据进行实证研究得出欧洲的经济增长具有很强的随机收敛性。虽然时间序列方法可以将地区经济增长序列的平稳性纳入考虑,但是它的检验能力却相对比较弱。(4)收入分布方法。这是一种非参数估计法,从整体的角度来考察一定时期内各类经济体概率分布的动态变化过程,根据人均收入序列为离散状态还是连续状态的设定不同,可分为马尔可夫链方法和随机密度核估计法(Quah,1997;Bianchi,1997;Anderson,2004)。Quah(1997)采用核函数估计对 105 个国家相对人均收入数据进行分析,各国人均收入的密度分布图显示,在时间 t 中等收入水平处形成单峰,贫穷国家和富裕国家分别处于钟形分布图的前、后尾部,在时间(t+s)各国经济水平的内部分布发生变化,中等收入水平国家向低收入和高收入转化,在低收入和高收入处形成了双峰分布。[②]

对于中国地区经济增长差距的研究也主要是在经济增长数量框架下展开的,研究者们以人均 GDP 或劳均 GDP 作为反映地区经济增长水平的指标分别采用不同的方法来分析中国的地区经济增长差距。早期对于中国地区差距的研究主要是采用统计指标法,使用变异系数、基尼系数以及泰尔指数等统计指标对中国地区差距及其变动进行测度和分解,并由此观察地区差距的变动趋势及其影响因素(魏后凯,1992;杨开忠,1994;袁钢明,1996;林毅夫、蔡昉、李周,1998)。近年来对于中国地区

---

① Bernard,Andrew ,Steven N. Durlauf. :"Convergence in International Output",*Journal of Applied Econometrics*,1995,10,pp. 97 - 108.

② Quah,D. :"Twin Peaks:Growth and Convergence in Models of Distribution Dynamics",*The Economic Journal* , 1996,106,pp. 1045 - 1055.

经济增长差距的研究主要采用回归分析法和时间序列方法对中国区域经济增长的收敛性进行检验。Chen 和 Fleisher(1996)、魏后凯(1997)、申海(1999)、蔡昉和都阳(2000)、刘强(2001)、沈坤荣和马俊(2002)、王志刚(2004)、许召元和李善同(2006)、邹薇和周浩(2007)、张茹(2008)等把人均 GDP 或劳均 GDP 作为反映地区经济增长状况的指标,采用回归分析法检验了中国各省市区经济增长的收敛性,并进而对影响地区经济增长差距的主要因素进行考察。Zhang(2001)、陈安平和李国平(2004)、张鸿武(2006)、彭国华(2006)、滕建州和梁琪(2006)等采用时间序列方法通过对中国各省市区人均产出序列的单位根检验和协整分析,研究了地区经济增长差距的变动状态及其收敛性。徐现祥和舒元(2004、2005)、何江和张馨之(2007)采用收入分布方法对中国各省市区人均 GDP 的分布情况进行研究。姚树洁、Chun Kwok Lei、冯根福(2008)使用参数和非参数方法定量分析了中国大陆各省市与香港、澳门地区在过去四十多年间人均收入的收敛速度问题,结果表明,在经济改革之前,中国大陆、香港与澳门地区不存在人均收入的收敛行为,而在经济改革之后,却出现了显著的绝对和相对收敛。[①] 何一峰(2008)将收敛速度的异质性纳入考虑,利用非线性时变因子模型对 1978～2006 年中国各省市区的人均实际 GDP 和劳均实际 GDP 数据进行研究,在拒绝了全国范围内经济趋同的假设之后,进一步利用聚类方法,找出了三个趋同俱乐部并对趋同俱乐部的形成机制进行了分析。[②] 周亚虹、朱保华、刘俐含(2009)使用半参数变系数面板数据模型以中国 1978～2006 年间 30 个省市自治区的人均 GDP 数据为样本对经济增长的收敛速度进行估算。

大多数对于地区经济增长差距的研究都是在经济增长数量框架下进行的,但也有一部分学者从经济增长的效率视角出发,对地区全要素生产率的收敛性进行分析(Bernard 和 Jones, 1996; Tsionas, 2000;

---

① 姚树洁、Chun Kwok Lei、冯根福:《中国大陆、香港和澳门地区的收入收敛性》,《经济研究》2008 年第 10 期,第 80～91 页。

② 何一峰:《转型经济下的中国经济趋同研究——基于非线性时变因子模型的实证分析》,《经济研究》2008 年第 7 期,第 39～51 页。

Miller 和 Upadhywa，2002)。彭国华(2005)在测算和分析中国 1982～2002 年各省市区全要素生产率的基础上，对其进行了收敛检验。[①] 经济增长数量是从整个经济量的变化上来描述经济增长的，而经济增长质量则是从经济的内在性质上来反映经济增长，经济增长数量与经济增长质量就像一枚硬币的两面，是同一个问题的两个方面，它们一起构成了经济增长的全部内容。现有对地区经济增长差距研究的文献主要是从经济增长的数量视角入手对地区经济增长差距进行分析，而经济增长效率框架下的研究也只反映了经济增长质量的一部分内容，目前对地区经济增长差距的研究仍缺少经济增长质量角度的系统分析。经过三十多年的经济改革与经济转型，中国的经济发展已经步入新的阶段，经济增长数量与质量的关系和侧重点开始发生变化，经济增长质量已经成为决定经济发展的关键因素。因此，与现有研究所不同的是，本节将从经济增长质量视角出发来研究中国 1978～2007 年间的地区经济增长差距问题以弥补现有文献的不足。

(二)中国地区经济增长质量整体的收敛性分析

1. 中国地区经济增长质量差异的 σ 收敛检验

在地区经济增长差距的研究方法中，统计指标法是一种分析地区经济增长差距简单的、静态的方法，关注的是横截面的分布特征，通过统计描述来研究地区间经济增长差距的分布形状。我们首先计算 1978～2007 年各省市自治区经济增长质量指数值的变异系数、基尼系数和 σ 系数来考察中国各地区经济增长质量差异是否存在 σ 收敛(见表 3 - 8)。[②] 由图 3 - 2 可以看出，用变异系数、基尼系数和 σ 系数表示

---

① 彭国华:《中国地区收入差距、全要素生产率及其收敛性分析》,《经济研究》2005 年第 9 期,第 19～28 页。

② 我们令 Q_i 代表地区 i 的经济增长质量指数值，EQ 为各地区经济增长质量指数值的平均值，ELQ 代表各地区经济增长质量对数值的均值，N 表示地区个数，S 表示标准差，则变异系数 CV、基尼系数 G 和 σ 系数的计算公式为 $CV = S/EQ$，$G = 1 + \dfrac{1}{N} - \dfrac{2}{N^2 EQ}(Q_1 + 2Q_2 + 3Q_3 + \ldots + nQ_n)$，并满足 $Q_1 \geqslant Q_2 \geqslant Q_3 \geqslant \ldots \geqslant Q_n$，$\sigma = \sqrt{\sum_i (Q_i - EQ)^2 / N}$。

的中国 1978～2007 年间 28 个省市区经济增长质量差距的变化趋势基本是相似的,仅存在略微的差异。1978～1990 年间,中国地区经济增长质量差距呈现剧烈的波动状态,变异系数、基尼系数和 σ 系数变动非常大,没有出现明显的收敛趋势。1991 年开始用变异系数和基尼系数表示的各地区经济增长质量差异呈现缩小的趋势,分别由 0.9705 和 0.5108 下降至 2007 年的 0.7838 和 0.3833,而与此相反的是 σ 系数则显示这一时期各地区经济增长质量的差异是扩大的,从 0.6477 不断上升到 5.7260。

与现有研究相比,本节所计算的中国地区经济增长质量差距的变动趋势与采用同样方法估计的地区经济增长数量差距的变动趋势并不是一致的(林毅夫、蔡昉、李周,1998;Zhang,2001;刘强,2001;刘夏明、魏英琪、李国平,2004)。刘夏明、魏英琪、李国平(2004)通过计算 1980～2001 年间中国 29 个省市区人均 GDP 的基尼系数发现,地区经济增长数量的差距在 1980～1990 年间表现为轻微下降,而 1990 年以后呈稳步快速上升的趋势。[①] 1978～1990 年间,反映中国地区经济增长质量差距的变异系数与基尼系数波动非常剧烈,这一部分原因是由于这些年份的变异系数和基尼系数值有正有负且数值较大,导致这一问题的因素在上文已经进行过详细分析,而还有一部分原因可能是因为这些年份一些省市区的某些指标数据缺失,尽管我们对缺失值进行了处理,但正如本书之前提及的那样会造成整体数据质量不高,从而导致最终合成的经济增长质量指数值不能准确度量当时的经济增长质量水平。

表 3-8　各地区经济增长质量的分布差异

年份	变异系数	基尼系数	σ 系数	年份	变异系数	基尼系数	σ 系数
1978	−2.4322	−0.9198	2.7087	1993	1.1294	0.5338	1.9419
1979	−2.0423	−0.9111	2.1636	1994	0.7712	0.4086	1.0442

---

① 刘夏明、魏英琪、李国平:《收敛还是发散?——中国区域经济发展争论的文献综述》,《经济研究》2004 年第 7 期,第 70～81 页。

续表

年份	变异系数	基尼系数	σ系数	年份	变异系数	基尼系数	σ系数
1980	−10.6220	−4.3915	1.7303	1995	0.8124	0.4148	1.1999
1981	−2.5710	−1.3227	1.1266	1996	0.8812	0.4265	1.3346
1982	8.5808	2.3579	4.8705	1997	0.8113	0.4203	1.8047
1983	−11.5608	−5.1158	1.5133	1998	0.8738	0.4516	1.4114
1984	18.4187	9.1703	1.3077	1999	0.7219	0.3770	1.5050
1985	4.6971	1.2228	5.5013	2000	0.6506	0.3353	1.5527
1986	−13.4721	−5.8815	0.9740	2001	0.7322	0.3961	2.2997
1987	6.1601	2.7000	0.8600	2002	0.8437	0.3925	2.5913
1988	1.0331	0.5539	0.6001	2003	0.9313	0.4311	3.5156
1989	3.6050	1.5351	0.7884	2004	0.7474	0.3699	2.8328
1990	8.3128	3.7265	1.2760	2005	0.6058	0.3090	2.6541
1991	0.9705	0.5108	0.6477	2006	0.7195	0.3547	4.1348
1992	0.9785	0.5235	1.1123	2007	0.7838	0.3833	5.7260

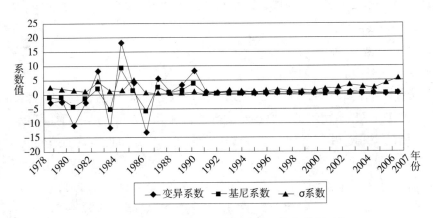

图 3-2　1978～2007 年各地区变异系数与基尼系数

2. 中国地区经济增长质量差异的绝对 β 收敛检验

由于统计指标法只能分析中国地区经济增长质量差异的横截面特征,为了更好地考察我国地区经济增长质量差异在不同时期的动态变化情况,我们进一步采用回归分析法对其进行收敛性分析。回归分析法通过检验一段时期内地区人均产出增长率和初始收入水平的线性关系来预测地区经济增长的收敛性。如果回归模型中不加入其他控制变量,初始收入水平的系数小于零就意味着地区间经济增长的收敛性不受其他因素影响,在长期内将会趋于收敛,所有地区具有相同的增长路径和稳态,存在绝对收敛;如果回归模型中加入其他控制变量,初始收入水平的系数小于零就意味着每个地区都沿着不同的增长路径收敛于各自的稳态,存在条件收敛。Martin(1996)在其研究中将回归分析的模型设定为:

$$\log(y_{i,t+T}/y_{i,t})/T = \alpha + \beta \log(y_{i,t}) + \varepsilon_{i,t} \qquad (3.9)$$

其中,T 表示某一段时间的期末年,$\log(y_{i,t+T}/y_{i,t})/T$ 代表从 t 到 $t+T$ 时期经济体 i 的人均 GDP 的年均增长率,$\log(y_{i,t})$ 表示经济体 i 在时间 t 人均 GDP 的对数值,α 为常数项,$\beta = -(1-e^{-\lambda T})/T$,$\lambda$ 为收敛速度,ε_{it} 为误差项。β 的正负符号及显著程度决定着地区经济增长的收敛性,如果 β 显著为负,就表明地区经济增长存在收敛性;而如果 β 显著为正,就说明地区经济增长是发散的。本节在 Martin(1996)研究成果的基础上对中国地区经济增长质量差距的收敛性进行分析,设回归分析的模型为:[①]

$$g_{it} = \alpha + \beta q_{it} + \mu_{it} \qquad (3.10)$$

其中,g_{it} 表示第 i 个地区从 t 到 $t+1$ 时期经济增长质量指数值的增长率,q_{it} 表示第 i 个地区在基期年 t 的经济增长质量指数值,α 代表截距项,β 是基期年经济增长质量指数 q_{it} 的系数,μ_{it} 为某一时段误差项的平均值。由于各地区经济增长质量的差距在不同阶段的变动趋势不同,我们采用 1978~2007 年中国 28 个省市区经济增长质量指数值构成的面板数据将样本平均划分为 6 个时间段,即每一时间段长度为 5 年,具体为 1978~1982 年,1983~1987 年,1988~1992 年,1993~1997 年,1998~2002 年,2003~2007 年,在此基础上分别从整个样本区间以及各个时间段对方程(3.10)进行估计。

---

① 为了能够详细考察地区经济增长质量差距在时间序列上的变动趋势,我们取 $T=1$。

　　模型形式的设定直接决定着参数估计的有效性,如果模型设定不正确,所得估计结果就会与模拟的经济现实相去甚远。根据截距向量α和系数向量β中各分量的不同限制要求,面板数据模型划分为混合效应模型、变截距模型和变系数模型,而后两种又分别根据个体影响的不同形式和系数变化的不同形式分为固定效应模型和随机效应模型。我们采用F检验来判断三大类模型设定的适应性,通过 Hausman 检验来判断采用固定效应模型还是随机效应模型,根据检验结果最终选择固定效应的变截距模型(见表3-9),分别从整个样本区间以及各个时间段对方程(3.10)进行广义最小二乘估计,具体结果见表3-10。

表3-9　不同面板数据模型形式设定的检验结果

解释变量	混合回归模型	变截距模型		变系数模型	
		固定效应	随机效应	固定效应	随机效应
q_{it}	0.171312	0.332208	0.225631	系数向量(略)	系数向量(略)
F 检验	$F_1 = 3.709 >$ 临界值,拒绝采用该种假定。	$F_2 = 1.057 <$ 临界值,接受采用该种假定。		$F_2 = 1.057 <$ 临界值,拒绝采用该种假定。	
Hausman 检验	NA	Chi-Sq. Statistic = 3.025357 Prob. = 0.0820		NA	

表3-10　中国地区经济增长质量差异的绝对β收敛检验

	1978～2007	1978～1982	1983～1987	1988～1992	1993～1997	1998～2002	2003～2007
α	−0.531 (1.346)	−11.193 (9.329)	−0.545 (0.985)	1.614*** (0.394)	5.126*** (1.719)	1.857*** (0.167)	1.848*** (0.138)
β	0.332 (0.442)	−5.021 (5.516)	0.150 (0.324)	0.175 (0.499)	−2.153** (1.021)	−0.281*** (0.067)	−0.124*** (0.029)

注:括号中的值为标准误差,*表示在10%的显著性水平下显著,**表示5%显著,***表示1%显著。

　　由表3-10可以看出,中国地区经济增长质量的收敛性存在一定的阶段性,从1978～2007年整个样本区间来看β并不显著为负,中国地区经济增长质量的差异并不存在绝对 β 收敛。从所划分的 6 个具体阶段来看,1978~1982 年,1983~1987 年,1988~1992 年这三个阶段的 β 并不显著为负,地区经济增长质量没有绝对的收敛趋势;而 1993~1997,1998~2002,2003~2007 这三个阶段则出现了 β 显著为负的地区之间的收敛趋势。更具体地看,我们结合表 3 - 8 各地区 1978~2007 年经济增长质量变异系数与基尼系数的变化可以发现,地区差异的缩小趋势应该发生在 1991 年。现有从经济增长数量框架入手的相关研究文献大都认为中国省际经济增长没有绝对的收敛趋势但存在一定的阶段性,一般以 1989 年或 1990 年为界。我们从经济增长质量框架入手来检验中国地区经济增长质量差异的收敛性,发现了与经济增长数量框架相类似的结论,区别在于经济增长数量差距在 1989 或 1990 年之前呈现出一种缩小的趋势,之后地区差异开始扩大,而经济增长质量差距在 1991 年之前是一种上下波动的态势,之后地区差异有缩小趋势。由此可见,中国地区经济增长质量差距与经济增长数量差距的变动趋势并不是一致的,单纯从数量框架进行分析的研究结果并不能全面反映我国地区经济增长差距的真实状态。

3. 中国地区经济增长质量差异的条件 β 收敛检验

根据以上分析可知,中国 1978~2007 年间的地区经济增长质量差异并不存在绝对 β 收敛,进一步我们通过在回归模型(3.10)中加入控制变量来考察中国地区经济增长质量差异是否存在条件 β 收敛,设回归分析的模型为:

$$g_{it} = \gamma + \theta q_{it} + \delta pop_{it} + \phi gov_{it} + v_{it} \tag{3.11}$$

其中,pop_{it} 表示第 i 个地区在基期年 t 的人口增长率,gov_{it} 表示第 i 个地区在基期年 t 的用政府支出占 GDP 的比重来度量的政府支出规模,γ 代表截距项,θ、δ、ϕ 分别是基期年经济增长质量指数 q_{it}、人口增长率 pop_{it} 和政府支出规模 gov_{it} 的系数,v_{it} 为某一时段误差项的平均值。如果初始经济增长质量水平的系数 θ 小于零就意味着每个地区都沿着不同的增长路径收敛于各自的稳态,存在条件 β 收敛。同样我们将 1978~2007 年间中国 28 个省市区经济增长质量指数值构成的面板数据样本平均划分为 6 个时间段来检验各地区经济增长质量的差

距在整个样本区间以及各个时间段是否存在条件 β 收敛。对方程
(3.11)进行 F 检验和 $Hausman$ 检验,结果显示固定效应的变截距模
型检验结果更好(见表 3-11),分别从整个样本区间以及各个时间段
对方程(3.11)进行广义最小二乘估计,具体结果见表 3-12。

表 3-11　不同面板数据模型形式设定的检验结果

解释变量	混合回归模型	变截距模型		变系数模型	
		固定效应	随机效应	固定效应	随机效应
q_{it}	0.983157	0.359332	0.422684	系数向量(略)	系数向量(略)
pop_{it}	6.454583	-2.572074	1.138888	系数向量(略)	系数向量(略)
gov_{it}	-0.641764	-1.833032	-1.019860	系数向量(略)	系数向量(略)
F 检验	$F_1 = 3.845 >$ 临界值,拒绝采用该种假定。	$F_2 = 1.058 <$ 临界值,接受采用该种假定。		$F_2 = 1.058 <$ 临界值,拒绝采用该种假定。	
Hausman 检验	NA	Chi-Sq. Statistic $=$ 10.383595 Prob. $=0.0156$		NA	

表 3-12　中国地区经济增长质量差异的条件 β 收敛检验果

	1978~2007	1978~1982	1983~1987	1988~1992	1993~1997	1998~2002	2003~2007
γ	27.832*** (6.165)	259.61*** (80.747)	-2.716 (10.338)	1.392 (4.328)	$-19.862*$ (10.983)	2.338** (1.136)	-0.957 (0.951)
θ	0.359 (0.446)	-7.521 (5.213)	0.146 (0.327)	0.154 (0.508)	$-1.832*$ (1.033)	$-0.341***$ (0.070)	$-0.160***$ (0.031)
δ	-2.572 (3.564)	$-84.418*$ (48.551)	-0.958 (5.292)	-1.361 (1.841)	15.795 (9.676)	-1.335 (1.026)	0.481 (0.970)
ϕ	$-1.833***$ (0.354)	$-10.035***$ (2.633)	0.217 (0.642)	0.146 (0.347)	1.003 (0.860)	0.037 (0.044)	0.167*** (0.056)

注:括号中的值为标准误差,*表示在10%的显著性水平下显著,**表示5%显著,***
表示1%显著。

　　由表 3-12 不难发现,在加入控制变量后中国地区经济增长质量

在 1978～2007 年整个样本区间中并没有表现出条件 β 收敛的趋势,但与绝对 β 收敛检验结果相一致的是,从所划分的 6 个具体阶段来看,1978～1982 年,1983～1987 年,1988～1992 年这三个阶段的 θ 并不显著为负,地区经济增长质量差异没有条件收敛趋势,而 1993～1997 年,1998～2002 年,2003～2007 年这三个阶段 θ 是显著为负的,存在条件 β 收敛。

(三)中国地区经济增长质量差距的俱乐部趋同

从经济增长数量框架对中国地区经济增长差距进行研究得出的结论基本上是一致的,即改革开放以来中国地区经济并不存在绝对的收敛趋势(Chen 和 Fleisher,1996;刘强,2001;沈坤荣和马俊,2002;何一峰,2008 等),表 3-10 和表 3-12 的结果表明,不管是从数量角度还是从质量视角来考察,我国 1978～2007 年间的地区经济增长差距都不是收敛的。但研究者们对于中国地区经济增长数量是否存在俱乐部趋同的看法是不同的,蔡昉和都阳(2000)从经验上考察了中国地区经济增长差距的收敛性,得出的结论认为中国在改革以来的地区经济发展中,虽然不存在普遍的趋同现象,但是却形成了东、中、西三个趋同俱乐部。① 沈坤荣、马俊(2002)通过对 1978 年改革开放以来省际间的经济增长差异进行实证分析发现中国各地区的经济增长并不具有明显的绝对收敛性,但却呈现出明显的"俱乐部收敛"特征,按东中西划分的区域内部人均产出具有明显的聚集现象,而且存在着条件收敛的特征。② 那么,从经济增长质量的角度来看,中国各地区的经济增长差距是否也存在着俱乐部收敛的可能呢? 我们进一步来考察中国地区经济增长质量是否存在俱乐部收敛。

虽然中国不存在全国范围内经济增长质量的绝对收敛,但这并不表明在中国各省市区的子样本中也不存在收敛现象。按照现行划分,

① 蔡昉、都阳:《中国地区经济增长的趋同与差异——对西部开发战略的启示》,《经济研究》2000 年第 10 期,第 30～37 页。

② 沈坤荣、马俊:《中国经济增长的"俱乐部收敛"特征及其成因研究》,《经济研究》2002 年第 1 期,第 33～39 页。

除香港、澳门、台湾之外,我国可分为东中西三大地带,其中东部地区包括:北京市、天津市、河北省、辽宁省、上海市、江苏省、浙江省、福建省、山东省、广东省、海南省;中部地区是指山西省、吉林省、黑龙江省、安徽省、江西省、河南省、湖北省和湖南省;西部地区包括重庆市、四川省、贵州省、云南省、西藏自治区、陕西省、甘肃省、青海省、宁夏回族自治区、新疆维吾尔自治区、广西壮族自治区和内蒙古自治区。我们采用与第二部分中相同的回归分析法,分别以东中西部为子样本进行分析,所得结果如表 3-13 所示。

表 3-13　中国东中西部的回归分析结果

	东部	中部	西部
α	0.866786*** (0.209161)	1.224413*** (0.256561)	−3.764695 (3.956700)
β	0.056534 (0.065543)	−0.007005 (0.084019)	1.068857 (1.365858)

注:括号中的值为标准误差,* 表示在 10% 的显著性水平下显著,* * 表示 5% 显著,* * *表示 1% 显著。

表 3-13 的分析结果表明,从经济增长质量来看,东中西部回归估计的初始经济增长质量指数系数 β 值分别为 0.056534、−0.007005 和 1.068857,而这在 1%、5% 和 10% 的显著性水平下都不是显著为负的,东中西部都不存在收敛的趋势。从经济增长质量角度对地区经济增长差距进行分析的结果并不像经济增长数量框架下所得出的那样,在以东中西划分的区域内部出现明显的聚集现象,因此对于地区经济增长质量差距而言,传统的东中西部的划分并不是一个很好的标准。

聚类分析是根据研究对象的特性进行定量分类的一种多元统计方法,可以根据每个样本的观测量将其归为不同的类别,基本思路是:同一类中的个体有较大的相似性,不同类中的个体差异很大,于是根据多个观测指标找出能够度量样本或变量之间相似度的统计量,并以此为依据,采用某种聚类算法,将所有的样本或变量分别聚合到不同的类中。为了寻找可能的趋同俱乐部,我们采用聚类的方法来进行趋同俱乐部的研究。

分层聚类分析(Hierarchical Cluster Analysis)是聚类分析中应用最广泛的一种方法,它首先将每个样本各视为一类,然后根据两类之间的距离或相似性逐步合并,直到所有的样本合并为一个大类为止。本书采用 Hierarchical Cluster 聚类方法,结合我国空间地域特征状况进行聚类分析,所得结果如下:第一个趋同俱乐部的成员有:江西、云南、陕西、山东、四川、广东、安徽;第二个趋同俱乐部的成员有:河南、湖南、甘肃、上海、宁夏、辽宁、新疆;第三个俱乐部的成员有:湖北、河北、福建、浙江、黑龙江、江苏;第四个俱乐部成员有:青海、贵州、内蒙古、广西。北京、天津、山西和吉林均未进入任何一个俱乐部。

从中国地区经济增长质量聚类分析的结果来看,这与经济增长数量框架的研究结论并不一致,不管是按照东中西部的划分,还是按照同样的聚类方法进行划分,两种框架所得结论都存在很大的差异。在按照东中西部划分的相关研究中,蔡昉和都阳(2000)、沈坤荣和马俊(2002)等以人均 GDP 作为经济增长水平的度量从经验上考察了中国地区经济增长差距的收敛性,得出的结论认为中国在改革以来的地区经济发展中形成了东、中、西三个趋同俱乐部,而本书从经济增长质量角度,以各地区经济增长质量指数值作为测度地区经济增长差距另一方面的指标,通过实证分析发现以东中西划分的区域内部并没有出现明显收敛的趋势。在采用聚类分析进行研究的文献中,何一峰(2008)基于人均实际 GDP 和劳均实际 GDP 对中国的俱乐部趋同现象的存在性进行了研究,发现以人均实际 GDP 为指标形成了四个趋同俱乐部,以劳均 GDP 为指标形成了三个趋同俱乐部,第一个趋同俱乐部要比第二个更富裕,但没有上海富裕;第二个又比第三个富裕,依此类推。这一结论反映出在经济增长数量框架下,中国各省市区按照经济增长数量水平的高低形成几大收敛俱乐部。具体而言采用人均 GDP 数据得到的第一个俱乐部的成员有北京、天津、江苏、浙江、广东、福建、山东,第二个趋同俱乐部成员是辽宁、海南、河北和内蒙古,第三个趋同俱乐部的成员为吉林、陕西、山西、湖北、重庆、河南、广西和安徽,第四个趋同俱乐部的成员为宁夏、黑龙江、西藏、新疆、甘肃、青海、湖南、四川、江西和云南,上海和贵州均未进入任何一个趋同俱乐部。通过与以上结论的比较,我们发现以各地区经济增长质量指数值得到的聚类分析结果与以各地区人均 GDP 数据得到的俱乐部成员存在明显差异,从地区经济增长质量差异角度进行的聚类分析结果,各俱乐部以经济增长质量水平的高低进入不同的俱乐部。由此我们也可以得出,单纯从经济增长数量角度来分析中国地区经济增长的差距是不全面的,它并不能完整地反映出地区经济增长差异的全貌。

我们认为造成经济增长质量地区差距的原因可能有:第一,地区经济发展政策。中央和地方政府制定的具有区域差异性的政策是造成我国经济增长质量区域差异的一个重要原因。1978 年改革开放以来我国政府对于沿海地区注重优化其产业结构,而对内陆地区则强调发展能源、交通以及原材料来支持沿海地区(陈淮,2001),由于产业结构优化带来沿海地区整体增长质量的大大提高,而能源的大量消耗则降低了内陆地区的经济增长质量,最终造成地区间经济增长质量的差距进一步加大。第二,经济转型程度的区别。经济转型是经济增长质量提高的制度基础,由于不同地区经济转型程度存在差别,导致它们在经济增长质量各个维度的发展中表现出不同程度的差异,并最终影响了其经济增长质量水平的高低。改革开放以来,我国采取了由东部沿海地区向中西部内陆地区逐渐推进的渐进式改革政策,经济转型由东部地区率先开始,这不仅促进了这一地区经济的快速发展,同时也为东部地区经济增长质量的进一步提高提供了良好的制度基础,而中西部地区的经济转型程度并不是很高,由此造成了我国沿海和内陆地区经济增长质量差距的不断扩大。第三,经济增长质量与各个维度的交互作用。经济增长质量与经济增长的结构、经济增长的稳定性、经济增长的福利变化和成果分配以及资源利用和生态环境代价这四个维度之间是交互作用的关系,整体经济增长质量的提高会带来四个维度情况的改善,而这又可以进一步提高经济增长的质量。如果各个地区在经济增长质量方面已经存在一定程度的差异,而又没有抑制差异拉大的因素出现,那么就会出现经济增长质量高的地区状况进一步改善,而经济增长质量低的地区难以摆脱困境的局面。

第四节 本章小结

在现有经济增长质量问题的研究中,由于这一范畴本身包含非常丰富的内容且属于一种规范性的价值判断,从而使得定量分析的实现存在巨大的困难,目前的成果以定性分析为主,定量分析并没有达到理想的效果。本章在经济增长质量的外延与内涵清晰界定基础上,构建了按基础指标计算共 28 项的经济增长质量指数,使用均值化方法对各指标数值进行无量纲化处理,采用主成分分析法(PCA)确定各指标的权重,并以基础指标的协方差矩阵作为输入,来对经济转型期中国以及各地区的经济增长质量状态进行量化考察,得到的结论如下:第一,从总体分析的角度来看,1978~2007 年间我国在经济增长数量迅速扩张的同时,经济增长质量水平也获得了一定程度的提高。第二,从区域视角来看,改革开放 30 年以来虽然中国各省市自治区的经济增长质量水平都获得了一定程度的提高,但是在各省市区之间的经济增长质量水平却存在很大差异。第三,采用统计指标法和回归分析法对整体经济收敛性研究的结果表明,中国地区经济增长质量差异在整个样本区间内并没有表现出收敛的趋势,但在 1993~1997 年,1998~2002 年,2003~2007 年这三个阶段呈现出一定的差距缩小态势。第四,按照东中西部的划分将全国分成三个子样本,通过回归分析法检验并没有发现地区经济增长质量差异存在俱乐部收敛,而采用聚类分析法对中国地区经济增长质量差异的俱乐部趋同进行研究发现了 4 个趋同俱乐部。

第四章　中国经济增长质量
结构维度的分析

本章之前的内容是对经济增长质量问题的总体分析,构建了经济增长质量基本的理论框架并对中国及各地区的经济增长质量状态进行综合评价。在此基础上,由本章开始我们将分别从经济增长的结构、经济增长的稳定性、福利变化与成果分配、资源利用和生态环境代价四个维度来对经济增长质量问题进行理论阐释,并借助计量经济学中处理面板数据的相关工具以中国经济转型时期的省级面板数据为样本进行实证分析。

第一节　中国经济增长结构的基本状态

从经济增长结构整体的变动趋势来看,根据本书第四章中我国1978~2007年的经济增长结构方面指数与经济增长质量指数的测度结果(如图4-1所示),我们发现在中国经济增长质量波动中上升的过程中,经济增长结构指数却一直呈现缓慢下降的态势,在1978~2007年间中国经济增长质量指数由最初的1978年的—3.0374上升到30年之后2007年的3.6072,而经济增长结构指数却由1978年的1.1570降低到2007年的—1.0135。

经济增长结构最主要的内容是产业结构,从产业结构看,1978~2007年间,第一产业产值比重呈现为缓慢下降的趋势,由1978年的28.188%逐渐下降到2007年的11.259%,而第二、第三产业的产值比重表现为波动中上升的态势,第二产业产值比重增加缓慢由1978年47.877%提高到2007年48.644%,第三产业产值比重增长幅度较大,由1978年23.935%增加至2007年40.097%。由此可见,改革开放以

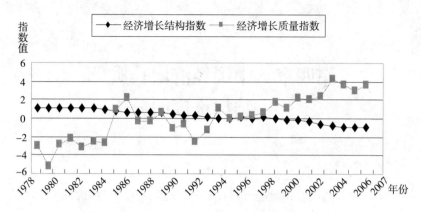

图 4 - 1　1978～2007 年经济增长结构整体变动趋势

来的三次产业结构是有所改善的。从二元经济结构来看,二元对比系数是现代部门与传统部门比较劳动生产率的比率,而比较劳动生产率为部门产值比重与劳动力比重的比率,在二元经济加剧时,两部门比较劳动生产率差距将拉大;在二元经济削减时,两部门比较劳动生产率差距将缩小。因此,二元对比系数越大,部门比较劳动生产率差距越大,二元经济结构特征越显著。由表 4 - 1 可见,1978～2007 年间,我国的二元经济结构经历一个近似于"M"型的变化,从 2004 年以来又出现略微显著的趋势。二元反差指数是现代部门或传统部门产值比重与劳动力之差的绝对值,与二元经济结构强度正相关,二元反差指数越小,则该经济体的二元经济结构就越不明显。如表 4 - 1 所示,1978～2007年二元反差指数的变动趋势与二元对比系数的变动趋势基本一致,也经历一个近似于"M"型的变化,从 2004 年以来出现略微显著的趋势。

表 4 - 1　1978～2007 年全国三次产业产值比重与二元结构状态

指标 年份	第一产业 比重(%)	第二产业 比重(%)	第三产业 比重(%)	二元对 比系数	二元反 差指数
1978	28.188	47.877	23.935	0.164046754	42.33675312
1979	31.266	47.100	21.634	0.196842474	38.53003741
1980	30.174	48.222	21.604	0.196451133	38.57296229

续表

指标 年份	第一产业 比重(%)	第二产业 比重(%)	第三产业 比重(%)	二元对 比系数	二元反 差指数
1981	31.881	46.110	22.009	0.219229175	36.21944486
1982	33.388	44.765	21.847	0.234483058	34.74049659
1983	33.180	44.379	22.441	0.243643889	33.9041283
1984	32.132	43.086	24.782	0.265788305	31.91357285
1985	28.443	42.886	28.671	0.239319628	33.97577469
1986	27.140	43.724	29.136	0.238689469	33.80720662
1987	26.811	43.551	29.638	0.244356491	33.17448163
1988	25.696	43.790	30.514	0.236826837	33.6579102
1989	25.105	42.831	32.064	0.223013232	34.9431756
1990	27.116	41.341	31.543	0.247002102	32.98355908
1991	24.526	41.789	33.685	0.219366869	35.17348787
1992	21.790	43.455	34.755	0.197643306	36.71023477
1993	19.709	46.568	33.723	0.18975149	36.69187924
1994	19.861	46.569	33.570	0.208584371	34.43866487
1995	19.962	47.175	32.863	0.228386148	32.23800151
1996	19.691	47.537	32.772	0.240332045	30.80934053
1997	18.287	47.539	34.174	0.224690395	31.61403834
1998	17.556	46.212	36.232	0.214656498	32.24376037
1999	16.470	45.757	37.773	0.196395032	33.62913408
2000	15.063	45.917	39.020	0.177338354	34.93768879
2001	14.392	45.153	40.455	0.168107086	35.60893675
2002	13.743	44.790	41.467	0.159322592	36.25726839
2003	12.797	45.969	41.234	0.152134983	36.30243996
2004	13.393	46.225	40.382	0.175084049	33.50714131
2005	12.237	47.684	40.079	0.171794049	32.56375308
2006	11.344	48.679	39.977	0.172269724	31.27534675
2007	11.259	48.644	40.097	0.183778887	29.58245593

注:表中数据根据《中国统计年鉴》中相关数据计算而得,三次产业产值比重为名义产值占名义GDP的比重,而二元对比系数和二元反差指数都剔除了价格因素,为实际值计算而来。

从投资消费结构来看,如图 4-2 所示,1978～2007 年以来我国的投资率呈不断上升的趋势,由 1978 年的 38%增加到 2007 年 42%,而消费率则表现为不断下降的态势,由 1978 年 62%降低到 2007 年 49%。投资与消费之间存在一个相对合适的比例,否则经济结构就会发生失衡,并不是仅仅投资率或消费率越高就越好。项俊波(2008)把投资率低于38%确定为一个正常区间,大于 45%表明经济结构存在潜在危机,而将消费率高于 60%确定为正常区间,低于 50%界定为潜在危机。据此,我们采用投资与消费的比率来测度投资消费结构。根据项俊波(2008)的研究成果,1978 年以来我国的投资消费结构并没有得到改善,投资率已经开始慢慢趋向于 45%的临界值,而消费率则已经略微超过了 50%的临界值,投资率偏高而消费率偏低的结构需要引起我们足够的注意。

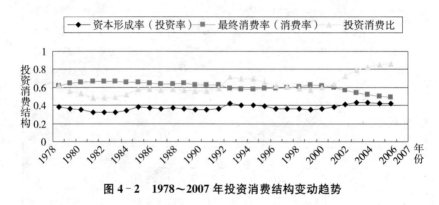

图 4-2　1978～2007 年投资消费结构变动趋势

第二节　经济增长结构与经济
增长质量的理论阐释

经济增长质量的内涵包括经济增长的结构、经济增长的稳定性、经济增长的福利变化与成果分配以及资源利用和生态环境代价四个维度。经济增长的结构是从经济增长的过程上来反映经济增长质量的,它的变化不仅会影响经济增长的数量,同时也影响了整体经济增长质量的高低。从经济增长结构与经济增长数量之间的关系来看,如果经济增长结构均衡,经济增长的效率就高,持续快速增长就有较大的潜力或可能性;如果经济增长结构失衡,就会导致资源配置不合理,经济运行效率低下,经济增长的有效性就会受到破坏。从经济增长结构与经济增长质量的关系来看,它构成了经济增长质量的重要维度之一,如果经济增长结构均衡就会对经济增长质量发挥正的贡献,而如果经济增长结构失衡就会制约经济增长质量的进一步提高。对中国 1978～2007 年经济增长质量的测度结果表明,经济转型以来我国在经济增长数量迅速扩张的同时,经济增长质量也获得了一定程度的提高,但这主要是由资源利用和生态环境代价、经济增长的稳定性以及福利变化与成果分配这三个因素带来的,经济增长的结构对经济增长质量指数的贡献是负向的,经济增长结构不平衡制约了经济增长质量的进一步提高。具体来看,经济增长的结构主要从以下几个方面影响了经济增长的质量:

1. 经济增长结构的优化有利于改善资源的配置状况,降低国民经济的中间消耗,从而提高经济增长的效率,促进经济增长质量的提高。首先,从资源配置状况来看,我们知道,资源是非常有限的,而经济增长中不同构成要素之间存在生产率的差异,如果生产率较低的部门或产业占据了过多的资源,那么整个经济运行的效率就不会太高。随着经济增长结构的变动,资源的配置结构也会相应地发生变化。当经济增长的结构优化时,各个部门或是产业的资源配置也就产生变化,资源从生产率增长较慢的部门向生产率增长较快的部门转移,从而促进经济增长效率的提高,促进经济增长质量的提高。吕铁、周叔莲(1999)认为不同产业的生产率水平和生产率增长率各不相同,当资源在产业之间进行再配置时就会产生资源再配置效应,从而构成总生产率增长的一个组成部分,进而成为影响经济增长质量的一个重要因素。其次,从国民经济中间消耗来看,不同的构成要素所使用的中间投入大小是不同的,如果经济增长的结构优化,则国民经济的中间消耗率就会降低,从而经济增长的效率提高,经济增长的质量提高。[1] 刘伟、蔡志洲(2008)

---

[1] 吕铁、周叔莲:《中国的产业结构升级与经济增长方式转变》,《管理世界》1999年第 1 期,第 113～125 页。

利用历年的投入产出数据对中国 1992 年以来中间消耗水平的变化趋势进行了分析,结果发现产业结构的进一步调整对降低中间消耗、提高整个国民经济的投入产出比具有重要意义。[①]

2. 经济增长结构的优化有助于抑制经济增长的大幅波动,保持经济增长的稳定性,从而提高经济增长的质量。经济增长的结构在很大程度上决定着经济增长数量的波动状况,如果经济增长的结构失衡比较严重,就会引发和强化供求总量方面的矛盾,从而强制性地将经济运行压向低谷,形成大幅度的经济波动。随着经济增长结构的优化,各构成要素之间的发展相互协调,经济增长结构的失衡状况就会发生改善,造成经济增长数量剧烈波动的结构性矛盾弱化,经济增长的稳定性增强,从而经济增长质量获得提高。我国自 1978 年经济转型以来,在经济持续高速增长的过程中往往伴随着大起大落的剧烈波动,而这其中非常重要的一个内在原因就是产业结构的失衡。当结构性矛盾发展到一定程度时,长期积累形成的供求矛盾就会爆发,将经济运行压向低谷,此时政府不得不从宏观上放松对经济的控制,而经济系统内部存在的强烈扩张冲动和投资倾向又可能造成投资需求迅速增长,出现经济过热和通货膨胀,此时政府又不得不采取紧缩政策,由此导致经济的大起大落。如果经济增长的结构可以得以优化,那么构成经济增长的各个要素之间的矛盾就会发生弱化,且相互之间的关联程度会深化、结构聚合质量会提高,从而供求总量关系实现相对的平衡,经济的大幅度波动受到抑制,经济增长的稳定性增长,经济增长的质量提高。

3. 经济增长结构的优化有助于改善一部分居民的福利水平,从而提高经济增长的质量。作为世界上最大的发展中国家,中国具有典型的二元经济结构特征,一方面存在着以城市工业为代表的现代经济部门,另一方面还存在着以手工劳动为特征的传统农业部门,并没有实现工业化和城市化。由于二元经济结构的存在,自 1978 年改革开放以来,在我国经济发展的现实中出现城乡收入分配差距不断扩大的趋势,

---

① 刘伟、蔡志洲:《技术进步、结构变动与改善国民经济中间消耗》,《经济研究》2008 年第 4 期,第 4~14 页。

而这又导致农民的购买力低下、受教育水平持续下降、医疗保障缺乏等问题。总体而言,在这 30 年时间里,占我国人口绝大部分的广大农民并没有充分享受到改革开放和经济增长的成果,其福利水平不只没有提高,而且很有可能是下降了。如果二元经济结构可以转化,传统部门的劳动力与现代部门的资本能够有效结合,农村中大量过剩劳动力实现转移,这些农业剩余人口的转移不仅可以提高他们的收入水平,同时也可以提高我国的粮食生产率,并且这些转移到非农产业的人口还提高了对于粮食的需求,从而也有利于种粮农民收入水平的提高。在此基础上,占我国总人口近 2/3 的农民的福利水平获得改善,经济增长质量得到提高。

经济增长结构与经济增长质量之间是相互作用,相互影响的,以上研究从理论上对经济增长结构对经济增长质量的作用机制进行阐释,进一步我们将通过对 1978～2007 年中国各省市区面板数据的实证分析来验证经济增长质量与经济增长结构的关系。

第三节　经济增长结构与经济增长质量的实证分析

一、计量模型设定及数据说明

经济增长质量指数是由经济增长的结构、经济增长的稳定性、经济增长的福利变化与成果分配以及资源利用和生态环境代价四个方面指数所合成的指标,如果把它作为被解释变量,那么解释变量就成为被解释变量的一部分,从而导致出现内生性问题。因此,我们将经济增长的结构作为被解释变量,而把经济增长质量作为解释变量来对两者之间的关系进行实证检验。基于以上分析,我们采用 1978～2007 年中国各省市区的面板数据对经济增长的结构与经济增长质量的关系进行实证分析,用于估计的计量模型设定如下:

$$Struc_{it} = \theta\, Qual_{it} + \beta X_{it} + \alpha_i + \mu_{it} \qquad (4.1)$$

其中,下标 i 为各省市区的标识($i=1,2\ldots28$),下标 t 是各年份($t=1978,1979\ldots2007$)的标识; $Struc_{it}$ 表示省份 i 在第 t 年的经济增长结构水平; $Qual_{it}$ 表示省份 i 在第 t 年的经济增长质量水平, X_{it} 为控

制变量集；θ、β分别为经济增长质量、控制变量的系数，α_i表示截距项，μ_{it}为随机扰动项。控制变量集X_{it}包括人口自然增长率pop和用政府支出占 GDP 的比重来度量的政府支出规模gov。

本章采用 1978～2007 年的省际面板数据进行实证分析，各省市区历年的经济增长结构指数与经济增长质量指数来自本书第四章的测算结果，其他所需数据均来自历年《中国统计年鉴》、各省级统计年鉴、《新中国五十五年统计资料汇编》等。考虑到经济状况的特殊性，省际面板数据中未包括港澳台地区，考虑到数据的可得性问题删除了西藏及海南，重庆在 1997 年后才成立，为保持数据与逻辑的一致性其数据合并到四川省。由此本章的面板数据模型中共有 28 个截面。

二、模型形式的设定

模型形式的设定直接决定着参数估计的有效性，如果模型设定不正确，所得估计结果就会与模拟的经济现实相去甚远。根据截距向量α和系数向量β中各分量的不同限制要求，面板数据模型划分为混合效应模型、变截距模型和变系数模型，而后两种又分别根据个体影响的不同形式和系数变化的不同形式分为固定效应模型和随机效应模型。我们采用F检验和 Hausman 检验来选择合适的模型形式设定。

首先进行F检验来判断三大类模型设定的适应性，原假设H_1：混合回归模型形式，根据统计量F_1的值来判断，若该值不小于给定置信度下的相应临界值，则拒绝假设H_1，继续检验假设H_2，反之则认为样本数据符合混合回归模型；检验原假设H_2：变截距模型形式，若统计量F_2的值不小于给定置信度下的相应临界值，则拒绝假设H_2，用变系数模型形式拟合样本，反之则用变截距模型形式，检验结果如表 4-2所示。根据表 4-2 中的检验结果，我们选取变截距模型形式，该模型允许个体成员上存在个体影响，并用截距项的差别来说明。

变截距模型根据系数变化的不同形式分为固定效应变系数模型和随机效应变系数模型，我们采用 Hausman 检验来判断采用固定效应模型还是随机效应模型。原假设为固定效应模型与随机效应模型的系数差异是非系统性的，应该采用随机效应模型设定。若 P＞0.05，则接受原假设,选择随机效应模型;反之,则拒绝原假设采用固定效应模型。根据表4-2中的检验结果,我们选取固定效应的变截距模型作为进一步分析的基准模型。

表4-2　不同面板数据模型形式设定的检验结果

解释变量	混合回归模型	变截距模型		变系数模型	
		固定效应	随机效应	固定效应	随机效应
$Qual_{it}$	0.125499	0.085061	0.085682	系数向量(略)	系数向量(略)
pop_{it}	−12.90142	−42.95309	−42.99169	系数向量(略)	系数向量(略)
gov_{it}	1.736361	0.507538	0.424090	系数向量(略)	系数向量(略)
R^2	0.136827	0.652964	0.568188	0.42692	0.436827
F 检验	$F_1=3.309>$临界值,拒绝采用该种假定。	$F_2=1.126<$临界值,接受采用该种假定。		$F_2=1.126<$临界值,拒绝采用该种假定。	
Hausman 检验	NA	Chi-Sq. Statistic = 13.670768 Prob. =0.0034		NA	

注:表中的值为回归变量的系数。由于变系数模型中28个截面的变量系数各不相同,为系数向量形式,则表中省略此部分数值。F检验的临界值为5%显著性水平下相应的临界值。此外,所有模型回归方程中的常数项也在此省略。

三、各变量的面板单位根检验

为了避免虚假回归问题的存在,我们先来对面板数据进行单位根检验。面板数据单位根的检验方法是比较多的,在本节中我们选择Levin,Lin 和 Chu 检验(2002)、Im Pesaran 和 Shin W 检验(2003)、ADF-Fisher Chi-square 检验(1999)和 PP-Fisher Chi-square 检验(2001),且滞后期数根据 AIC 原则进行选取。表 4-3 是对变量 $Struc_{it}$、$Qual_{it}$、pop_{it}、gov_{it} 的单位根检验结果。结果表明,四个变量的原始序列经几种方法检验基本都有单位根,而一阶差分序列则同时通过四种方法的检验,由此说明这四个变量均为一阶单整,即 I(1)。

表 4-3 面板数据单位根检验结果

变量	Levin, Lin & Chu t*	Im, Pesaran and Shin W-stat	ADF-Fisher Chi-square	PP-Fisher Chi-square
$Struc_{it}$	0.92252	1.41243	148.899***	63.7579
$\Delta Struc_{it}$	−124.207***	−41.3734***	393.956***	430.939***
$Qual_{it}$	9.58965	8.77885	74.4122*	97.0479***
$\Delta Qual_{it}$	−20.5634***	−24.8843***	536.717***	643.320***
pop_{it}	−0.83098	1.93192	32.3635	31.4040
Δpop_{it}	−19.4709***	−20.1996***	439.153***	588.755***
gov_{it}	−0.19397	−0.46860	43.807	36.678
Δgov_{it}	−16.1516***	−15.5128***	322.042***	307.037***

注:*、**、***分别表示统计值在10%、5%和1%的水平上显著。

四、协整检验

对非平稳时间序列进行回归分析时会产生虚假回归的问题,但是当各非平稳变量的特定线性组合稳定时,这些变量间就具有一种内在的平稳机制,导致它们自身的变化虽然是不平稳的,而彼此之间却具有长期均衡关系,则由非平稳变量导致的虚假回归问题就不再存在了。通过单位根检验,变量 $Struc_{it}$、$Qual_{it}$、pop_{it}、gov_{it} 均为 I(1)单位根过程,存在协整的可能,因此我们采用两步检验法进行协整检验,对固定效应的变截距模型进行回归分析,结果可见表4-4。

表 4-4 面板数据回归结果

变量	回归系数	标准误差
α	−0.610123***	0.151847
$Qual_{it}$	0.085061***	0.011754
pop_{it}	−42.95309***	9.309459
gov_{it}	0.507538**	0.043155

注:*、**、***分别表示统计值在10%、5%和1%的水平上显著;反映地区差异的 $\alpha*$ 的相应估计结果在此省略。

模型的估计结果显示,经济增长质量指数变量的系数显著为正,表明中国经济转型期经济增长结构与经济增长质量之间存在显著的正向关系。人口自然增长率的系数为负说明在中国经济发展过程中人口增长对经济增长结构的作用是负向的。政府支出规模的系数为正说明政府的作用与经济增长结构之间的关系是正向的。在回归分析之后,我们对残差项的平稳性进行检验,残差的面板单位根检验结果显示,残差是平稳的,这意味着变量间协整关系存在,在我国经济转型期经济增长结构与经济增长质量正相关。

第四节　本章小结

现有对于经济增长结构与经济增长之间关系的研究主要是从经济增长的数量角度来探讨两者之间的关系,但却缺少从经济增长质量角度对这一问题进行研究的成果。经济增长既有量的要求,又有质的规定性,是数量和质量的统一,单纯从经济增长数量角度来分析两者之间的关系是不完整不全面的,因此本章着重从经济增长质量视角入手来研究两者之间的关系。从经济增长结构整体的变动趋势来看,1978～2007 年在中国经济增长质量波动中上升的过程中,经济增长结构指数值却一直呈现缓慢下降的态势,经济增长结构问题不容乐观。经济增长结构的优化有利于改善资源的配置状况,降低国民经济的中间消耗,从而提高经济增长的效率,促进经济增长质量的提高;经济增长结构的优化有助于抑制经济增长的大幅波动,保持经济增长的稳定性,从而提高经济增长的质量;经济增长结构的优化有助于改善一部分居民的福利水平,从而提高经济增长的质量。因此,如果经济增长结构均衡就会对经济增长质量发挥正的贡献,而如果经济增长结构失衡就会制约经济增长质量的进一步提高。通过对 1978～2007 年中国的省际面板数据进行实证分析,发现模型的估计结果与理论研究的结论是一致的,经济增长质量指数变量的系数显著为正,中国经济转型期经济增长结构与经济增长质量之间存在显著的正向关系。

第五章　中国经济增长质量稳定性维度的分析

Fischer 和 Sahay(2000)认为结构调整和稳定政策是决定转型国家经济表现的两个重要因素。经济增长的结构充分反映了构成经济增长各要素之间的关系结构,它通过影响资源的配置、国民经济的中间消耗、经济的波动以及福利水平的变化影响了经济增长的数量与质量。经济增长内在的稳定性是与经济波动相对而言的,指经济增长没有出现"大起大落"式的剧烈和频繁的起伏变动。① 由于经济波动会带来衰退、失业、通货膨胀以及国际收支不平衡等问题,所以经济增长的稳定性对经济增长而言至关重要。

第一节　中国经济增长稳定性的基本态势

从经济增长稳定性整体的变动趋势来看,根据本书第四章中我国1978~2007 年的经济增长稳定性方面指数与经济增长质量指数的测度结果(如图 5 - 1 所示),我们发现在中国经济增长质量波动中上升的过程中,经济增长稳定性指数在 1978~2007 年间基本处于波动上升趋势,从 1978 年的—0.3404 缓慢上升到 2007 年的 1.8127。而这主要是得益于改革开放以来我国的经济波动率趋于缩小,呈现出经济周期波动微波化、稳定化的趋势(刘树成,2007)。

根据本书第四章对经济增长稳定性测度指标的选择,经济增长的

---

① ［英］伊特韦尔:《新帕尔格雷夫经济学大辞典》,经济科学出版社 1996 年版,第四卷第 496 页。

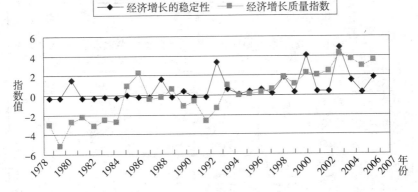

图 5-1 1978～2007 年经济增长稳定性整体变动趋势

稳定性以产出波动、价格水平波动以及就业波动 3 个指标来反映,我们进一步来考察这三个指标在 1978～2007 年间的变动趋势(见表 5-1)。从产出波动来看,改革开放以来我国实际 GDP 呈现不断递增的趋势,由 1978 年的 3645.2 亿元上升到 2007 年的 54647.03211 亿元,但是在这一过程中实际 GDP 的增长幅度是存在很大差异的。由图 5-2 可见,1978～1994 年间我国经济增长的变动幅度较大,而 1995～2007 年间经济增长的稳定性明显增强,这主要是因为随着经济体制改革的全面推进,经济运行的方式有了很大转变,政府进行宏观调控的技巧日趋成熟,运用经济、法律和行政手段日渐娴熟,从而经济增长的波动幅度渐渐被控制在较为合适的范围内。从价格波动的状况来看,1978 年经济转型以来我国的物价水平也呈现不断上涨的趋势,相对于1978 年而言居民消费价格指数已经达到 493.9,而其波动的态势也不容忽视,由图 5-2 可见,价格水平的波动趋势与产出水平的波动趋势相类似,在 1978～1996 年间变动幅度较大,而 1997～2007 年间经济增长的稳定性明显增强。从就业水平的变动趋势来看,1978～2007 年就业人数是不断增加的,由 1978 年 40152 万人增加到 2007 年的 76990万人,但增长的幅度却是不断递减的,除 1990 年的异常点之外,我国改革开放以来就业的波动幅度并不是很大。

表 5-1　1978~2007 年全国产出波动、价格波动、就业波动状态

年份	产出波动		价格波动		就业波动	
	实际 GDP (1978=100)	经济增长率(%)	通货膨胀率(1978=100)	通货膨胀率(上年=100)	就业人员数(万人)	就业增长率(%)
1978	3645.2	—	100	100.7	40152	—
1979	3922.2352	7.6	101.9	101.9	41024	2.17174736
1980	4228.169546	7.8	109.5	107.5	42361	3.259067863
1981	4448.034362	5.2	112.3	102.5	43725	3.219942872
1982	4852.805489	9.1	114.5	102	45295	3.590623213
1983	5381.761287	10.9	116.8	102	46436	2.519041837
1984	6199.789003	15.2	120	102.7	48197	3.792316306
1985	7036.760518	13.5	131.1	109.3	49873	3.477394859
1986	7655.995444	8.8	139.7	106.5	51282	2.825175947
1987	8544.090915	11.6	149.8	107.3	52783	2.926952927
1988	9509.573189	11.3	178	118.8	54334	2.938446091
1989	9899.46569	4.1	210.1	118	55329	1.831265874
1990	10275.64539	3.8	216.6	103.1	64749	17.0254297
1991	11221.00476	9.2	223.9	103.4	65491	1.145963644
1992	12814.38744	14.2	238.3	106.4	66152	1.009298988
1993	14608.40168	14	273.3	114.7	66808	0.991655581
1994	16522.1023	13.1	339.2	124.1	67455	0.968446893
1995	18323.01145	10.9	397.2	117.1	68065	0.904306575
1996	20155.31259	10	430.1	108.3	68950	1.300227723
1997	22029.75667	9.3	442.2	102.8	69820	1.261783901
1998	23748.07768	7.8	438.6	99.2	70637	1.170151819
1999	25552.93159	7.6	432.5	98.6	71394	1.071676317
2000	27699.37784	8.4	434.2	100.4	72085	0.967868448
2001	29998.4262	8.3	437.1	100.7	73025	1.304016092
2002	32728.28299	9.1	433.8	99.2	73740	0.979116741
2003	36001.11129	10	439	101.2	74432	0.93843233
2004	39637.22353	10.1	456.1	103.9	75200	1.031814273

续表

年份	产出波动		价格波动		就业波动	
	实际GDP (1978＝100)	经济增长率(％)	通货膨胀率(1978＝100)	通货膨胀率(上年＝100)	就业人员数(万人)	就业增长率(％)
2005	43759.49477	10.4	464.3	101.8	75825	0.831117021
2006	48835.59617	11.6	471.3	101.5	76400	0.758325091
2007	54647.03211	11.9	493.9	104.8	76990	0.772251309

注:表中数据根据《中国统计年鉴》、《中国人口和就业统计年鉴》中相关数据计算而得,由于
　　1990年官方记录上的重大变动以及之后国有企业工人下岗造成1990年之前和之后的就
　　业统计数字不一致,就业增长率出现异常。

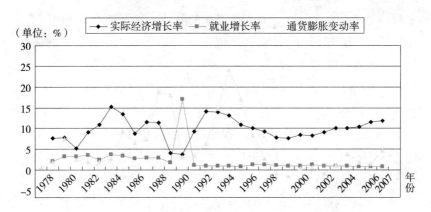

图 5 - 2　1978～2007 年产出波动、价格波动、就业波动的变动趋势

　　通过对改革开放以来经济增长稳定性的考察,我们不难发现,在我
国经济发展和体制转轨这个特殊的大背景下,经济增长的波动呈现出
十分明显的周期性和阶段性,而这每次波动和起伏都与政治周期和宏
观调控紧密相关,经济过热必然伴随着宏观措施的出台,而经济起落也
是货币政策和财政政策的调整的及时响应。近年来我国的经济波动出
现明显的平稳性趋势,这是我国经济增长稳定性增强、经济增长质量提
高的表现。

第二节 经济增长稳定性与经济增长
质量的理论阐释

作为经济增长质量重要维度之一的经济增长稳定性,是指经济增长没有出现"大起大落"式的剧烈和频繁的起伏变动,对均衡的偏离保持在一个较小的范围之内。经济增长稳定性的变化会影响到经济增长的数量,如果增长过程中波动幅度过大,则经济运行的机制就会受到干扰,资源配置受到影响,经济增长的速度降低,经济增长的可持续性受到破坏。以价格波动为例,Barro(1995)通过研究得出,通货膨胀率与经济增长率之间存在长期的负相关性,通货膨胀率的降低和稳定导致了经济增长速度的提高和稳定。同时,经济增长的稳定性还影响着经济增长的质量,如果经济增长稳定性强就会对经济增长质量发挥正的作用,而如果经济增长出现大起大落就会阻碍经济增长质量的进一步提高。对中国1978~2007年经济增长质量的测度结果表明,1978~2007年间在中国经济增长质量波动中上升的过程中经济增长稳定性也基本处于上升趋势,经济增长的稳定性对经济增长质量的提高发挥了正的作用。具体来看,经济增长的稳定性主要从以下几个方面影响了经济增长的质量:

1. 过度的经济波动会破坏经济长期稳定增长的内在机制,供求关系失衡、经济增长的结构失衡,从而造成资源的巨大浪费,影响经济增长的质量。如果经济波动的幅度过大,经济增长的运行机制和秩序就会遭到破坏,供求关系出现失衡。一旦发生经济过热,由于短缺的出现,价格开始上涨、利润增加由此吸引投资进一步增加,投资的增加带来总需求的进一步扩大,由此带来价格的进一步上涨,从而形成恶性膨胀的趋势。当这种趋势形成时就会出现过度的投资和过剩的生产能力,大量资源被浪费,资源配置的效率降低,从而导致经济增长质量的下降。中国经济曾在2003年开始出现宏观经济过热的趋势,2004年已经达到相当过热的程度,正是由于过度的经济波动会对经济增长带来危害,所以政府采取宏观调控的政策来将经济波动的幅度调整到正常的区间之内,如果经济增长对均衡的偏离保持在一个较小的、合适的范围之内,经济增长的运行就会顺利进行,资源配置的状况改善,资源配置的效率提高,从而经济增长质量获得提高。除了影响供求关系之外,经济过大的波动还会影响经济增长的结构。如果经济波动的幅度过大,就会导致经济增长的结构出现严重失衡,此时有限的资源就过多地被生产率较低的部门或产业占据,资源配置的效率降低,从而经济增长质量的水平也就受到负面的影响。

2. 过度的经济波动会造成一部分居民福利水平的损失以及福利分配状况的恶化,从而降低经济增长的质量。如果经济波动的幅度过大,产出水平、价格水平或者就业水平发生剧烈波动,一方面部分居民的福利水平将会受到损失,因为价格水平的上涨会对居民的福利产生负面效应,居民的消费、医疗、住房等问题都会受到影响,从而经济增长质量降低。一部分学者经过研究得出结论认为经济增长稳定性的增强有助于提高居民的消费水平(Mankiw,1988;Yellen 和 Akerlof,2004;Ramey 和 Ramey,1991;Barlevy,2004),由此可见,经济增长稳定性的增强可以提高居民福利水平从而提高经济增长质量。另一方面如果经济波动的幅度远超出适度的范围,则处于弱势地位的那部分居民就会面临被边缘化的危险,社会财富不平等程度增加,从而经济增长质量降低。改革开放 30 年以来,中国经济一直处于快速增长的水平,而与此同时,随着市场竞争激烈程度的增加,失业与收入的风险也在增加,收入分配的不平等程度变得愈来愈严重。穷人、病人、老年人、妇女以及失业者是社会中面临风险的主要群体,如果经济发生过度的波动,这些抵御能力较差的弱势群体就更容易成为受到影响的对象,从而居民福利分配状况变得更糟糕,经济增长质量降低。

3. 过度的经济波动会造成经济增长成本的增加,从而影响经济增长的质量。一部分学者从产出波动的角度出发探讨经济增长波动的成本。Robert Lucas(1987)认为存在经济波动的福利成本极其微小而降低经济增长的福利成本极其巨大,则政府的主要任务应该是使得经济增长维持在尽可能高的增长速度,根本不必关心经济的波动。[1] 但有

---

① Lucas,Robert. ;*Model of Business Cycles*,Oxford;Basil Blackwell,1987.

学者通过改进 Lucas 的模型却得到了较大的经济波动的福利成本（Ayse Imrohoroglu 和 Selahattin Imrohoroglu，1997；Pallage 和 Robe，2001；Dolmas，1998；Epaulard 和 Pommeret，2003；Van Wincoop，1994）。陈彦斌（2005）从中国的具体实际出发来研究中国的经济增长与经济内在的稳定性问题，认为 Robert Lucas 的论断不能适用中国的具体情况，经济波动的福利成本是不容忽视的，政府在关心中国经济数量增长的同时，也应该关心经济运行的平稳性。[①] 一部分学者从价格波动的视角研究了经济波动的成本，将通货膨胀的成本归纳为鞋跟成本、菜单成本、相对价格变动的加剧、税收负担的不合理变动、混乱，以及任意的财富再分配等（陈彦斌、马莉莉，2007）。[②] 由于经济波动过大会带来经济增长的成本增加，而经济增长稳定性的增强有助于降低经济增长的成本与代价，从而带来经济增长质量的提高。

综上所述，经济增长的稳定性通过影响资源的有效配置、福利水平的变动、福利分配的状况以及经济增长的成本等方面对经济增长质量产生影响，进一步我们将通过对 1978～2007 年中国各省市区面板数据的实证分析来验证经济增长稳定性与经济增长质量的关系。

第三节　经济增长稳定性与经济增长质量的实证分析

一、计量模型设定及数据说明

正如之前所分析的那样，经济增长质量指数是包含多个维度多个指标的合成指标，如果把它作为被解释变量，那么解释变量就成为被解释变量的一部分，从而导致出现内生性问题。因此，我们将经济增长的稳定性作为被解释变量，而把经济增长质量作为解释变量来对两者之

---

① 陈彦斌：《中国经济增长与经济稳定：何者更为重要》，《管理世界》2005 年第 7 期，第 16～21 页。

② 陈彦斌、马莉莉：《中国通货膨胀的福利成本研究》，《经济研究》2007 年第 4 期，第 30～42 页。

间的关系进行经验验证。基于以上分析,我们采用 1978～2007 年中国各省市区的面板数据对经济增长的稳定性与经济增长质量的关系进行实证分析,用于估计的计量模型设定如下:

$$Stab_{it} = \theta Qual_{it} + \beta X_{it} + \alpha_i + \mu_{it} \qquad (5.1)$$

其中,下标 i 为各省市区的标识($i=1,2,\ldots28$),下标 t 是各年份($t=1978,1979\ldots2007$)的标识; $Stab_{it}$ 表示省份 i 在第 t 年的经济增长稳定性; $Qual_{it}$ 表示省份 i 在第 t 年的经济增长质量水平, X_{it} 为控制变量集; θ 、 β 分别为经济增长质量、控制变量的系数, α_i 表示截距项, μ_{it} 为随机扰动项。控制变量集 X_{it} 包括人口自然增长率 pop 和用政府支出占 GDP 的比重来度量的政府支出规模 gov 。[①]

本书采用 1978～2007 年的省际面板数据进行实证分析,各省市区历年的经济增长稳定性指数与经济增长质量指数来自本书第四章的测算结果,其他所需数据均来自历年《中国统计年鉴》、各省级统计年鉴、《新中国五十五年统计资料汇编》等。考虑到经济状况的特殊性,省际面板数据中未包括港澳台地区,考虑到数据的可得性问题删除了西藏及海南,重庆在 1997 年后才成立,为保持数据与逻辑的一致性其数据合并到四川省。由此本章的面板数据模型中共有 28 个截面。

二、模型形式的设定

我们首先采用 F 检验和 Hausman 检验来选择合适的模型形式设定。如果从时间上看,不同个体之间不存在显著性差异;从截面上看,不同截面之间也不存在显著性差异,那么就可以直接将面板数据混合在一起用普通最小二乘法(OLS)估计参数,即采用混合回归模型来估计参数。根据表 5-2 中的检验结果,统计量 F_1 的值大于 5％显著性水平下的相应临界值,因此我们拒绝样本数据符合混合回归模型的原假设,进而由于统计量 F_2 的值小于 5％显著性水平下的相应临界值,则

---

① 由于经济增长质量指数中已经包含了经济增长过程中方方面面的指标,因此在控制变量集中我们只考虑外生的人口因素以及政府的作用。

选择用变截距模型形式拟合样本。

　　一般而言，面板数据模型的误差项由与个体观察单位有关，但不随时间变化的非观测效应模型和因截面因时间而变化的不可观测因素两部分组成。而非观测效应模型又可分为固定效应模型和随机效应模型，如果这个不随时间变化的非观测效应对应的因素与模型中控制的观测到的解释变量相关，则模型为固定效应模型；如果非观测效应与可观测的解释变量不相关，则模型为随机效应模型。我们采用Hausman 检验来判断采用固定效应模型还是随机效应模型。根据表5－2 中的检验结果有 P＜0.05，则拒绝原假设采用固定效应模型。由此可得，我们最终选取固定效应的变截距模型作为进一步分析的基准模型。

表5－2　不同面板数据模型形式设定的检验结果

解释变量	混合回归模型	变截距模型		变系数模型	
		固定效应	随机效应	固定效应	随机效应
$Qual_{it}$	0.365306	0.414344	0.380091	系数向量（略）	系数向量（略）
pop_{it}	33.82056	58.99322	48.40859	系数向量（略）	系数向量（略）
gov_{it}	－0.806132	0.018777	0.272488	系数向量（略）	系数向量（略）
R^2	0.367417	0.619585	0.122216	0.372582	0.519264
F 检验	$F_1 = 6.751 >$ 临界值,拒绝采用该种假定。	$F_2 = 1.025 <$ 临界值,接受采用该种假定。		$F_2 = 1.025 <$ 临界值,拒绝采用该种假定。	
Hausman 检验	NA	Chi-Sq. Statistic = 13.670768 Prob. =0.0034		NA	

注:表中的值为回归变量的系数。由于变系数模型中 28 个截面的变量系数各不相同,为系数
　　向量形式,则表中省略此部分数值。F 检验的临界值为 5% 显著性水平下相应的临界值。
　　此外,所有模型回归方程中的常数项也在此省略。

三、各变量的面板单位根检验

　　为了避免虚假回归问题的存在，我们先来对面板数据进行单位根检验。面板数据单位根的检验方法是比较多的，在本章中我们选择

Levin，Lin 和 Chu 检验（2002）、Im Pesaran 和 Shin W 检验（2003）、ADF-Fisher Chi-square 检验（1999）和 PP-Fisher Chi-square 检验（2001），且滞后期数根据 AIC 原则进行选取。表 5-3 是对变量 $Stab_{it}$ 、$Qual_{it}$ 、pop_{it} 、gov_{it} 的单位根检验结果。结果表明，四个变量的原始序列经几种方法检验基本都有单位根，而一阶差分序列则同时通过四种方法的检验，由此说明这四个变量均为一阶单整，即 I（1）。

表 5-3 面板数据单位根检验结果

变量	Levin，Lin & Chu t*	Im，Pesaran and Shin W-stat	ADF-Fisher Chi-square	PP-Fisher Chi-square
$Stab_{it}$	0.9760	1.45159	258.594***	31.235
$\Delta Stab_{it}$	−29.7040***	−36.7728***	755.992***	692.587***
$Qual_{it}$	9.58965	8.77885	74.4122*	97.0479***
$\Delta Qual_{it}$	−20.5634***	−24.8843***	536.717***	643.320***
pop_{it}	−0.83098	1.93192	32.3635	31.4040
Δpop_{it}	−19.4709***	−20.1996***	439.153***	588.755***
gov_{it}	−0.19397	−0.46860	43.807	36.678
Δgov_{it}	−16.1516***	−15.5128***	322.042***	307.037***

注：*、* *、* * *分别表示统计值在 10%、5%和 1%的水平上显著。

四、协整检验

对非平稳时间序列进行回归分析时会产生虚假回归的问题，但是当各非平稳变量的特定线性组合稳定时，这些变量间就具有一种内在的平稳机制，导致它们自身的变化虽然是不平稳的，而彼此之间却具有长期均衡关系，则由非平稳变量导致的虚假回归问题就不再存在了。通过单位根检验，变量 $Stab_{it}$ 、$Qual_{it}$ 、pop_{it} 、gov_{it} 均为 I（1）单位根过程，存在协整的可能，因此我们采用两步检验法进行协整检验，对固定效应的变截距模型进行回归分析，结果可见表 5-4。

表 5-4   面板数据回归结果

变量	回归系数	标准误差
α	-0.481135^*	0.287498
$Qual_{it}$	0.414344^{***}	0.023802
pop_{it}	58.99322^{***}	18.852150
gov_{it}	0.018777^*	0.007434

注:*、**、***分别表示统计值在 10%、5% 和 1% 的水平上显著;反映地区差异的 α*
的相应估计结果在此省略。

模型的估计结果显示,经济增长质量指数变量的系数显著为正,表明中国经济转型期经济增长稳定性与经济增长质量之间存在显著的正向关系。人口自然增长率的系数为正说明在中国经济发展过程中人口增长与经济增长稳定性正相关。政府支出规模的系数为正说明政府的作用与经济增长稳定性之间正相关。在回归分析之后,我们对残差项的平稳性进行检验,残差的面板单位根检验结果显示,残差是平稳的,这意味着变量间协整关系存在,在我国经济转型期经济增长稳定性与经济增长质量正相关。

第四节   本章小结

本章着重从经济增长质量视角入手来研究经济增长稳定性与经济增长质量之间的关系。从经济增长稳定性整体的变动趋势来看,1978~2007 年间在中国经济增长质量波动上升的过程中,经济增长稳定性指数也基本处于波动上升趋势,而这主要是得益于改革开放以来我国的经济波动率趋于缩小,呈现出经济周期波动微波化、稳定化的趋势(刘树成,2007)。[①] 第一,过度的经济波动会破坏经济长期稳定增长的内在机制,供求关系失衡、经济增长的结构失衡,从而造成资源的巨大浪费,影响经济增长的质量;第二,过度的经济波动会造成一部分居

---

① 刘树成:《论又好又快发展》,《经济研究》2007 年第 6 期,第 4~13 页。

民福利水平的损失以及福利分配状况的恶化,从而降低经济增长的质量;第三,过度的经济波动会造成经济增长成本的增加,从而影响经济增长的质量。基于此,经济增长稳定性的增强将有利于提高资源配置的效率,改善居民福利水平,降低经济增长的成本,从而促进经济增长质量的提高。通过对1978~2007年中国的省际面板数据进行实证分析,发现模型的估计结果与理论研究的结论是一致的,经济增长质量指数变量的系数显著为正,中国经济转型期经济增长稳定性与经济增长质量之间存在显著的正向关系。

第六章　中国经济增长质量福利
分配维度的分析

　　经济学家们之所以关注经济增长并不仅仅是为了其本身,更是因为 GDP 的增长可以提高居民的福利水平、改善人们的生活状况,而事实也确实证明伴随着经济增长数量的扩张,居民整体的福利水平获得了巨大的提高。在追求经济增长的过程中,经济增长的成果分配同样也是一个不容忽视的问题,如果在居民总体福利水平得到提高的同时许多居民却并未充分享受到经济增长所带来的好处,那么我们追求经济增长的意义又何在呢? 由此可见,福利水平提高、成果分配改善是经济增长最根本的落脚点。

第一节　中国福利变化与成果分配的基本态势

　　从经济增长福利变化与成果分配的变动趋势来看,根据本书第四章中我国 1978~2007 年的经济增长福利变化和成果分配方面指数与经济增长质量指数的测度结果(如图 6-1 所示),我们发现在中国经济增长质量波动中上升的过程中,经济增长福利变化和成果分配指数也一直呈现缓慢上升的态势,在 1978~2007 年间中国经济增长质量指数由最初的 1978 年的-3.0374 上升到 30 年之后 2007 年的 3.6072,而经济增长福利变化和成果分配方面指数也由 1978 年的-0.4099 逐渐增加到 2007 年的 2.1010。但经济增长福利变化与成果分配指数的增长,主要是由整体福利水平的改善所带来的,伴随着经济增长数量的扩张,收入、健康、教育以及住房等各方面的问题也从总体上获得了改善,而成果分配方面与总体经济增长质量的变化关系则是反向的,在经济增长数量不断扩张的同时,广大人民却并没有充分享受到增长的成果,收入分配差距的拉大、不平等程度的上升制约着中国经济增长质量的提高。

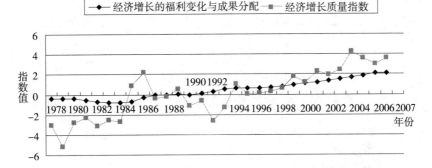

图 6-1　1978~2007 年经济增长福利变化与成果分配的整体变动趋势

从整体福利水平的变动趋势来看,1978~2007 年间,人均实际 GDP 由 1978 年的 378.69 元迅速增加到 2007 年的 4135.88 元(以 1978 年不变价格计算);城镇居民家庭消费结构中食品支出比重,即恩格尔系数由 1978 年的 57.5％下降到 2007 年的 36.3％,农村居民家庭从 67.7％降低到 43.1％,都由贫困(60％以上)或是温饱状态(50％~60％)进入了小康生活(40％~50％);普通高校在校人数由 1978 年的 85.6 万人增加到 2007 年的 1884.9 万人,普通高校在校人数占总人口的比重由 1978 年的 0.09％提高到 2007 年的 1.43％,居民受教育状况从整体上得到了改善;城市人均住宅面积由 1978 年的 6.7 平方米提高到 2006 年的 27.1 平方米,而农村人均住房面积也由 1978 年的 8.1 平方米增长到 2007 年的 31.6 平方米。因此,从总体上来看,1978 年改革开放以来我国居民整体的福利水平得到了一定程度的改善与提高。

但是,改革开放以来收入分配的状况却呈现出恶化的趋势(见图 6-2),基尼系数、城乡收入比以及泰尔指数这三个测度指标的变动趋势基本上是一致的。① 度量收入分配差距最常用的指标是基尼系数,

---

① 为了更清楚地看到基尼系数、城乡收入比与泰尔指数的变动趋势,我们在制图时对城乡收入比的值除以 10。

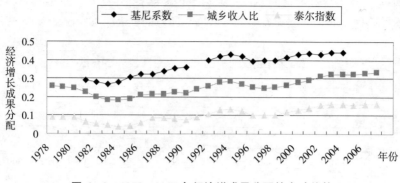

图 6-2 1978～2007 年经济增成果分配的变动趋势

根据程永宏(2007)研究中的计算结果,全国总体基尼系数的演变大体上可分为三个阶段,1981～1984 年,总体基尼系数较低,在 0.27～0.30 之间;1985～1992 年,总体基尼系数较高,在 0.3～0.4 之间;1993～2004 年,总体基尼系数超过警戒水平,基本上都在 0.4 以上,其中 1993、1997 年仅略低于 0.4,2003 年达到最高值 0.4430,2004 年为 0.4419。① 我国收入分配的差距主要表现在城乡收入差距上,从城乡收入比的变动趋势来看,反映出的状态与基尼系数的结果基本是一致的,1978～1983 年我国的城乡收入比由 2.570 下降到 1.822,之后基本呈现出逐渐上升的态势,从 1984 年的 1.835 上升到 2007 年的 3.333。王少平、欧阳志刚(2008)认为城乡收入比不能反映城乡人口所占比重的变化,而我国农村人口占有绝对大的比重,因此泰尔指数更适用于度量我国的城乡收入差距。② 通过计算我国 1978～2007 年的泰尔指数我们发现,它的变动趋势与基尼系数和城乡收入比的状态基本是一致的。1978～1984 年泰尔指数由 0.091 缓慢下降到 0.04,而在此之后呈现出波动中上升的态势,到 2007 年我国泰尔指数已经达到 0.163。

---

① 程永宏:《改革以来全国总体基尼系数的演变及其城乡分解》,《中国社会科学》2007 年第 4 期,第 45～60 页。

② 王少平、欧阳志刚:《中国城乡收入差距对实际经济增长的阈值效应》,《中国社会科学》2008 年第 2 期,第 54～66 页。

　　由此可见,在1978～2007年间中国的经济增长福利变化和成果分配取得了一定的成就,但这主要是由整体福利水平的改善所带来的,在经济增长迅速增长的同时,我国从整体来看在收入、健康、教育以及住房等问题上获得了改善,而我国的收入分配却表现出一定程度的恶化态势,广大人民却并没有充分享受到增长的成果。

第二节　福利变化、成果分配与经济增长质量的理论阐释

　　对于经济增长质量不仅需要从经济增长的动态过程上来考察,还应当关注到经济增长的结果问题。在之前的章节中,我们考察了经济增长结构以及经济增长稳定性与经济增长质量的关系,发现经济增长的结构优化和稳定性增强对于经济增长质量提高有显著作用。但是我们之所以关注经济增长的过程并不仅仅是为了其本身,更是为了经济增长的结果。我们追求经济增长的最终目的是为了整个人类福利水平的改善,同时如果经济增长导致了巨大的资源环境代价,那么它的后果也是不堪设想的。因此,经济增长的结果对于经济增长质量而言具有举足轻重的作用。对中国1978～2007年经济增长质量的测度结果表明,经济转型以来我国在经济增长数量迅速扩张的同时,经济增长质量也获得了一定程度的提高,而这其中福利变化及成果分配维度发挥了一定的促进作用。具体来看,经济增长的福利变化与成果分配主要从以下几个方面影响了经济增长的质量:

　　1. 居民福利水平的改善是我们追求经济增长的最终目的,是经济增长质量的核心内容。经济增长理论中对于经济增长的关注并不是简单为了经济增长的过程,而是因为经济增长的成果会带来整体居民福利水平的改善,它可以提高人们的收入水平、衣食住行等物质条件,可以改善居民的健康状况,可以提高居民的受教育程度以及自身的素质。只有整体居民的福利水平都获得了改善与提高,才能实现我们追求经济增长的意义。但是这种福利水平的改善不仅仅是指整体层面的,还应当看到经济增长成果在居民间的分配状况。如果从总体层面上看居

民福利水平获得了提高,但是其中经济增长成果的分配状况却发生恶化,这样的经济增长质量也是不高的。收入分配不平等程度的持续上升,不仅不利于全民分享经济发展的成果,而且也通过各种机制和渠道抑制了经济的增长。只有当经济增长的成果能够被绝大多数的人所享受时,经济增长才是一种高质量的增长。彭德芬(2002)通过归纳分析认为,居民生活质量是经济增长质量的核心内容,从发展的性质来讲,追求高质量经济增长的最终目的是为人类提供更良好的生存条件,人是实现有质量的经济增长的主体,是发展的主体。①

2. 成果分配不平等会抑制消费需求,导致经济增长的结构失衡,从而抑制经济增长质量的提高。Murphy,Shleifer 和 Vishny(1989)通过一个十分特殊的效用函数研究了收入分配不平等通过有效需求影响经济增长的机制,认为当收入分配不平等时,由于富人需求高档消费品而穷人的购买力又有限,导致对国内工业品的需求不足,国内工业品的市场非常狭小,从而制约了国内工业化进程和经济发展。② 由此可见,当经济增长的成果分配不平等时,那么边际消费倾向较高的低收入阶层购买力有限,而边际消费倾向较低的高收入阶层往往偏爱高档消费品,由此就会带来产业结构发展的失衡,经济增长的结构不合理,从而影响经济增长质量的提高。杨汝岱、朱诗娥(2007)通过理论研究也发现,当边际消费倾向与收入水平呈倒"U"形关系时,缩小收入差距能提高总消费需求。他们利用社科院经济研究所收入分配课题组分别于1995 年和 2002 年进行的城乡家庭与个人调查的微观数据考察我国居民边际消费倾向与收入水平之间的关系。实证研究的结果显示相对于低收入阶层和高收入阶层而言,中间收入阶层的边际消费倾向是最高的,因此缩小收入差距有利于扩大消费需求,拉动经济持续增长。此外,通过对 1995 年和 2002 年的对比分析发现,教育支出与医疗支出对我国居民消费行为的影响越来越大,其高额投入几乎没有改善低收入

---

① 彭德芬:《经济增长质量研究》,华中师范大学出版社 2002 年版,第 8~22 页。

② Murphy,K. ,A. Shleifer,and R. Vishny. :"Income Distribution,Market Size and Industrialization",*Quarterly Journal of Economics*,1989,104,pp. 537 - 564.

者的教育与医疗状况,而中间收入阶层由于需要将大量新增收入用于教育与医疗投资,其他消费相对减少,所以说教育与医疗体制的改革有待反思和进一步的完善。[①]因此,经济增长成果分配状况改善可以提高消费需求,优化经济增长的结构,从而促进经济增长质量的提高。

3. 成果分配不平等会影响人力资本投资,阻碍二元经济结构的转化,从而抑制经济增长质量的提高。在规模报酬递减的传统农业部门与规模报酬不变的现代部门同时并存的二元经济中,一单位的劳动投入在现代部门的产出要远高于传统农业部门的产出,劳动力从传统农业部门向现代部门转移可以促进总产出的增长,这也就意味着非熟练劳动力进行人力资本投资,变为熟练劳动力在现代部门从事生产可以推动经济的增长;反之则会抑制经济的增长。从短期来看,在初始财富分配不平等时,各收入阶层根据自身财富状况以及人力资本投资后的效用大小来选择是否在第一期进行人力资本投资。当人力资本投资的回报高于非熟练劳动力时,拥有较高财富的个体将选择进行人力资本投资,而拥有较少财富的个体将无法进行人力资本投资,从而影响到人力资本的积累,阻碍到经济的增长。从长期来看,财富分配影响个体的收入水平,也决定了其留给子女遗产的数量,而这又是其子女选择能否进行人力资本投资的决定性因素之一,最终经济就会分化为高收入与低收入两个阶层,人力资本积累受到限制,总产出受到影响。收入分配不平等程度的持续上升,不仅不利于全民分享经济发展的成果,而且也通过人力资本积累机制抑制了经济的增长。我国计划生育政策的实施使得生育率水平正在逐渐下降,依靠劳动力投入的规模扩张来推动经济增长的方式在长期将会受到人口增长减缓的约束,传统农业部门非熟练劳动力通过人力资本投资成为熟练劳动力向现代生产部门转移才是驱动经济长期增长的主要因素。随着我国工业化、城市化、市场化和国际化的深入推进,人力资本投资对经济发展的影响越来越大,而收入分配不平等对人力资本积累的制约作用也越来越明显。只有在初次分

---

① 杨汝岱、朱诗娥:《公平与效率不可兼得吗——基于居民边际消费倾向的研究》,《经济研究》2007年第12期,第46~58页。

配与二次分配中都注重收入分配的平等程度,重视由利益冲突向利益和谐的转化,才能促进传统农业部门的非熟练劳动力进行人力资本投资后向现代生产部门转移,并进而提高经济增长的质量。

基于以上分析,我们发现从理论上看经济增长的福利变化和成果分配与经济增长质量之间是正相关的关系,进一步我们将通过对1978~2007年中国各省市区面板数据的实证分析来验证这一结论是否成立。

第三节 福利变化、成果分配与经济 增长质量的实证分析

一、计量模型设定及数据说明

正如之前章节中所讨论的那样,经济增长质量指数是由经济增长的结构、经济增长的稳定性、经济增长的福利变化与成果分配以及资源利用和生态环境代价四个方面指数所合成的指标,如果把它作为被解释变量,那么解释变量就成为被解释变量的一部分,从而导致出现内生性问题。因此,我们将经济增长的福利变化与成果分配作为被解释变量,而把经济增长质量作为解释变量来对两者之间的关系进行实证检验。本章将采用1978~2007年中国各省市区的面板数据对经济增长的福利变化、成果分配与经济增长质量的关系进行实证分析,用于估计的计量模型设定如下:

$$Welf_{it} = \theta Qual_{it} + \beta X_{it} + \alpha_i + \mu_{it} \qquad (6.1)$$

其中,下标 i 为各省市区的标识($i = 1,2,\ldots 28$),下标 t 是各年份($t = 1978,1979\ldots 2007$)的标识; $Welf_{it}$ 表示省份 i 在第 t 年经济增长的福利变化与成果分配水平; $Qual_{it}$ 表示省份 i 在第 t 年的经济增长质量水平, X_{it} 为控制变量集; θ 、 β 分别为经济增长质量、控制变量的系数, α_i 表示截距项, μ_{it} 为随机扰动项。控制变量集 X_{it} 包括人口自然增长率 pop 和用政府支出占GDP的比重来度量的政府支出规模 gov 。

本章采用1978~2007年的省际面板数据进行实证分析,各省市区历年的经济增长福利变化、成果分配指数与经济增长质量指数来自本书

第四章的测算结果，其他所需数据均来自历年《中国统计年鉴》、各省级统计年鉴、《新中国五十五年统计资料汇编》等。考虑到经济状况的特殊性，省际面板数据中未包括港澳台地区，考虑到数据的可得性问题删除了西藏及海南，重庆在1997年后才成立，为保持数据与逻辑的一致性其数据合并到四川省。由此本章的面板数据模型中共有28个截面。

二、模型形式的设定

模型形式的设定直接决定着参数估计的有效性，我们采用 F 检验和 Hausman 检验来选择合适的模型形式设定。首先进行 F 检验来判断三大类模型设定的适应性，原假设 H_1：混合回归模型形式，根据统计量 F_1 的值来判断，若该值不小于给定置信度下的相应临界值，则拒绝假设 H_1，继续检验假设 H_2，反之则认为样本数据符合混合回归模型；检验原假设 H_2：变截距模型形式，若统计量 F_2 的值不小于给定置信度下的相应临界值，则拒绝假设 H_2，用变系数模型形式拟合样本，反之则用变截距模型形式，检验结果如表6-1所示。根据表6-1中的检验结果，我们选取变截距模型形式，该模型允许个体成员上存在个体影响，并用截距项的差别来说明。

变截距模型根据系数变化的不同形式分为固定效应变系数模型和随机效应变系数模型，我们采用 Hausman 检验来判断采用固定效应模型还是随机效应模型。原假设为固定效应模型与随机效应模型的系数差异是非系统性的，应该采用随机效应模型设定。若 $P>0.05$，则接受原假设，选择随机效应模型，反之，则拒绝原假设采用固定效应模型。根据表6-1中的检验结果，我们选取固定效应的变截距模型作为进一步分析的基准模型。

表6-1　不同面板数据模型形式设定的检验结果

解释变量	混合回归模型	变截距模型		变系数模型	
		固定效应	随机效应	固定效应	随机效应
$Qual_{it}$	0.000924	0.019783	-0.000718	系数向量（略）	系数向量（略）

续表

解释变量	混合回归模型	变截距模型		变系数模型	
		固定效应	随机效应	固定效应	随机效应
pop_{it}	32.19593	57.21382	31.33504	系数向量(略)	系数向量(略)
gov_{it}	−0.851092	0.420852	−1.556735	系数向量(略)	系数向量(略)
R^2	0.133521	0.505866	0.327475	0.245625	0.205458
F 检验	$F_1 = 3.866 >$ 临界值,拒绝采用该种假定。	$F_2 = 1.098 <$ 临界值,接受采用该种假定。		$F_2 = 1.098 <$ 临界值,拒绝采用该种假定。	
Hausman 检验	NA	Chi-Sq. Statistic= 16.273254 Prob. =0.0010		Chi-Sq. Statistic=17.709618 Prob. =0.0005	

注:表中的值为回归变量的系数。由于变系数模型中28个截面的变量系数各不相同,为系数向量形式,则表中省略此部分数值。F 检验的临界值为 5% 显著性水平下相应的临界值。此外,所有模型回归方程中的常数项也在此省略。

三、各变量的面板单位根检验

为了避免虚假回归问题的存在,我们先来对面板数据进行单位根检验。面板数据单位根的检验方法是比较多的,在本章中我们选择 Levin,Lin and Chu 检验(2002)、Im Pesaran and Shin W 检验(2003)、ADF-Fisher Chi-square 检验(1999)和 PP-Fisher Chi-square 检验(2001),且滞后期数根据 AIC 原则进行选取。表 6-2 是对变量 $Welf_{it}$、$Qual_{it}$、pop_{it}、gov_{it} 的单位根检验结果。结果表明,四个变量的原始序列经几种方法检验基本都有单位根,而一阶差分序列则同时通过四种方法的检验,由此说明这四个变量均为一阶单整,即 I(1)。

表 6-2 面板数据单位根检验结果

变量	Levin, Lin & Chu t*	Im, Pesaran and Shin W-stat	ADF-Fisher Chi-square	PP-Fisher Chi-square
$Welf_{it}$	−4.6668	−2.0012	136.521***	53.7603
$\Delta Welf_{it}$	−35.1552***	−20.6294***	379.781***	295.576***

续表

变量	Levin, Lin & Chu t*	Im, Pesaran and Shin W-stat	ADF-Fisher Chi-square	PP-Fisher Chi-square
$Qual_{it}$	9.58965	8.77885	74.4122*	97.0479***
$\Delta Qual_{it}$	−20.5634***	−24.8843***	536.717***	643.320***
pop_{it}	−0.83098	1.93192	32.3635	31.4040
Δpop_{it}	−19.4709***	−20.1996***	439.153***	588.755***
gov_{it}	−0.19397	−0.46860	43.807	36.678
Δgov_{it}	−16.1516***	−15.5128***	322.042***	307.037***

注:*、**、***分别表示统计值在10%、5%和1%的水平上显著。

四、协整检验

对非平稳时间序列进行回归分析时会产生虚假回归的问题,但是当各非平稳变量的特定线性组合稳定时,这些变量间就具有一种内在的平稳机制,导致它们自身的变化虽然是不平稳的,而彼此之间却具有长期均衡关系,则由非平稳变量导致的虚假回归问题就不再存在了。通过单位根检验,变量 $Welf_{it}$、$Qual_{it}$、pop_{it}、gov_{it} 均为 I(1) 单位根过程,存在协整的可能,因此我们采用两步检验法进行协整检验,对固定效应的变截距模型进行回归分析,结果可见表6-3。

表6-3　面板数据回归结果

变量	回归系数	标准误差
α	−0.406330**	0.211834
$Qual_{it}$	0.019783**	0.001042
pop_{it}	57.21382***	16.665660
gov_{it}	0.420852**	0.209405

注:*、**、***分别表示统计值在10%、5%和1%的水平上显著;反映地区差异的 α* 的相应估计结果在此省略。

模型的估计结果显示,经济增长质量指数变量的系数显著为正,表明中国经济转型期经济增长福利变化成果分配与经济增长质量之间存在显著的正向关系。人口自然增长率的系数为正说明在中国经济发展过程中人口增长与经济增长福利变化、成果分配的相关关系是正向的，人口增长率的系数值之所以远远高于经济增长质量与政府支出规模是由于人口增长率的值本身远小于其他两个变量。政府支出规模的系数为正说明政府的作用与经济增长福利变化、成果分配之间的关系是正向的。在回归分析之后，我们对残差项的平稳性进行检验，残差的面板单位根检验结果显示，残差是平稳的，这意味着变量间协整关系存在，在我国经济转型期经济增长福利变化、成果分配与经济增长质量正相关。

第四节　本章小结

从经济增长福利变化与成果分配的变动趋势来看，1978～2007 年在中国经济增长质量波动中上升的过程中，经济增长福利变化和成果分配指数也一直呈现缓慢上升的态势，在 1978～2007 年间中国经济增长质量指数由最初的 1978 年的—3.0374 上升到 30 年之后 2007 年的 3.6072，而经济增长福利变化和成果分配方面指数也由 1978 年的—0.4099 逐渐增加到 2007 年的 2.1010。但经济增长福利变化与成果分配指数的增长，主要是由整体福利水平的改善所带来的，成果分配方面与总体经济增长质量的变化关系则是反向的，在经济增长数量不断扩张的同时，广大人民却并没有充分享受到增长的成果，收入分配差距的拉大、不平等程度的上升制约着中国经济增长质量的提高。对于经济增长质量不仅需要从经济增长的动态过程上来考察，还应当关注到经济增长的结果问题。因为我们之所以关注经济增长的过程并不仅仅是为了其本身，更是为了经济增长的结果。居民福利水平的改善是我们追求经济增长的最终目的，是经济增长质量的核心内容。如果经济增长的成果分配不平等会抑制消费需求，导致经济增长的结构失衡，从而抑制经济增长质量的提高。此外，经济增长成果分配不平等还会影响人力资本投资，阻碍二元经济结构的转化，从而抑制经济增长质量的提高。因此，如果经济增长的福利水平提高、成果分配改善就会对经济增长质量发挥正的贡献；而如果经济增长的福利水平无法得到改善、成果分配状况恶化就会制约经济增长质量的进一步提高。通过对1978～2007年中国的省际面板数据进行实证分析，发现模型的估计结果与理论研究的结论是一致的，经济增长质量指数变量的系数显著为正，中国经济转型期经济增长福利变化成果分配与经济增长质量之间存在显著的正向关系。但经济增长只带来整体福利水平的改善，我国的成果分配方面与总体经济增长质量的变化关系是反向的。

第七章　中国经济增长质量资源
环境代价维度的分析

　　对于经济增长质量问题不仅需要从经济增长的动态过程上来考察,还需要关注到经济增长的结果。资源利用和生态环境代价是经济增长质量的重要维度之一,它主要是从经济增长成本的角度来考察经济增长质量的,包括两个方面的内容:一是资源利用的效率;二是生态环境的代价。经济增长的实现是有代价的,从狭义上来定义经济增长质量的相关研究,以经济增长的资源利用效率问题为核心内容,这从另一个视角来看就是资源的投入与损耗,体现着经济增长的成本。同样,生态环境的破坏程度反映的也是经济增长成本的高低。

第一节　中国资源利用与生态环境代价的基本状态

　　从经济增长资源利用与生态环境代价总体的变动趋势来看,根据本书第四章中我国 1978～2007 年经济增长质量的测度结果(如图7-1 所示),我们发现经济增长质量指数在不同阶段具体的变化趋势与资源利用和生态环境代价方面指数的变动趋势基本保持一致,1978～1986 年间资源利用和生态环境代价方面指数由-2.8825 增加到 2.8674,而经济增长质量指数也由-3.0374 稳步提高到 2.2086;1987～1993 年资源利用和生态环境代价方面指数缓慢地下降到-2.6030,而经济增长质量指数也逐渐降低到-1.2891;1994 年之后至 2007 年间资源利用和生态环境代价方面指数逐步提高到 2.5377,而经济增长质量指数也上升为 3.6072。这说明经济转型 30 年以来经济增长质量的变化主要体现在资源利用和生态环境代价方面,1978～

2007年中国经济增长质量的提高主要是由资源利用效率的改进和生态环境的改善所带来的,但这并不意味着我国的资源利用和生态环境代价问题已经处于非常好的状态,只要它相对于原有的基础水平取得了进步,体现在方面指数上就是其综合评价值的增加。

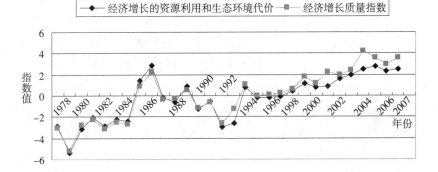

图 7 - 1 1978～2007 年经济增长资源利用与生态环境代价的整体变动趋势

从经济增长的资源利用状况来看,研究中一般采用要素生产率来测度资源利用的效率,常见的度量指标有资本生产率、劳动生产率以及全要素生产率。采用第四章中对资本生产率和劳动生产率的计算方法,我们获得1978～2007年中国经济增长过程中的资本生产率与劳动生产率变动趋势(见图7-2)。[①] 1978年改革开放以来,资本生产率呈现出缓慢递减的趋势,而劳动生产率却表现出明显上升的态势。其中,资本生产率的不断下降应该是由于我国依靠大量物质资本投资推动的经济增长对与资本的边际报酬递减所导致,而劳动生产率的逐渐提高可能与人力资本投入带来的边际报酬递增密切相关。全要素生产率是从狭义上来定义经济增长质量的学者最常使用的一个度量经济增长质量的指标。根据章祥荪、贵斌威(2008)的估算结果,1978～2005年我

---

① 为了更清楚地看到资本生产率、劳动生产率与全要素生产率增长率的变动趋势,我们在制图时对资本生产率的值除以 10,对劳动生产率的值除以 100,图中数据为剔除价格因素后的以 1978 年价格为不变价的实际数据,全要素生产率增长率的数据来自章祥荪、贵斌威(2008)使用 Malmquist 指数法估算的结果。

国全要素生产率平均增长率为 1.60%,对经济增长的贡献率为 16.57%,①这与郭庆旺和贾俊雪(2005)、赵伟等(2005)等学者估计的结果基本相近。由图 7-2 可以看出,我国全要素生产率的增长具有很大的波动性,1979 年与 1992 年是两个波峰,而 1986 年和 2005 年是两个波谷。1979~1984 年这个时期是全要素生产率增长最快的一个阶段,这主要是因为改革开放带来了明显的技术效率改进,比如,在农业生产部门,由于家庭联产承包责任制的推行有效提升了农村的生产效率。1985~1991 年,我国全要素生产率的增长出现了较大的不利波动,而这可能与我国改革初期效率改进潜力基本释放,进一步改革未能有效跟进存在一定关系。1992~1997 年,随着开放进程的加快我国的全要素生产率增长开始恢复,并基本保持在 2% 以上。1997~2005 年,全要素生产率增长开始持续减缓,并在 2002 年之后出现了负增长。此外,从能源利用效率来看,改革开放 30 年以来中国的单位产出能耗比呈现不断减小的趋势,能源利用效率正在逐渐提高。1978 年我国单位产出能耗比为 15.677 万吨标准煤/亿元,而到 2007 年仅为 4.860 万吨标准煤/亿元。

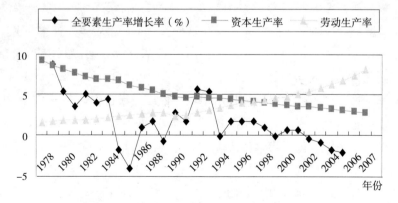

图 7-2 1978~2007 年资源利用效率的基本状态

---

① 章祥荪、贵斌威:《中国全要素生产率分析:Malmquist 指数法评述与应用》,《数量经济技术经济研究》2008 年第 6 期,第 111~122 页。

经济增长对生态环境的破坏我们主要从工业废水、废气以及固体废气物的排放量上来考察(见图 7-3)。[①] 1980 年工业废水排放总量为 2335512 万吨,之后呈缓慢递增趋势,2007 年达到 2466493 万吨。与工业废水排放情况所不同的是,改革开放以来工业废气和固体废气物的排放量增长迅速,1983 年到 2007 年工业废气排放量由 63167 亿标立方米迅速上升到 388169 亿标立方米,而工业固体废物产生量由 1980 年的 48725 万吨增加到 2007 年的 175632 万吨。由此可见,随着经济的增长、工业的发展,各类污染物大量投向环境并且排放量增长迅速,生态环境的承受力正在经受着严峻的考验。

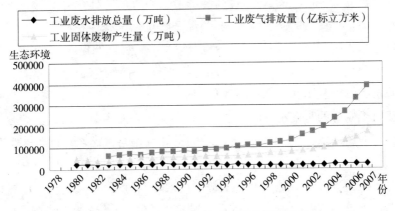

图 7-3　1978～2007 年生态环境的基本状态

第二节　资源利用、生态环境代价与经济增长质量的理论阐释

资源利用效率是经济增长质量的重要方面,它揭示了各种生产要素转化为产出的有效性。如果资源利用效率得到改进,那么同等数量的生产要素投入就可以得到比资源利用效率改进前更多的产出。而这

---

① 为了更清楚地看到工业废水、废气以及固体废弃物的排放情况,我们在制图时对工业废水排放总量的值除以 100。

其中最为关键的因素就是技术进步的作用,技术进步可以通过改变生产要素的组合来提高资源利用的效率。在不存在技术进步时,经济增长受到收益递减机制的限制。而当引入技术进步时,经济增长将出现收益递增,从而提高资源利用的效率。生态环境代价也是构成经济增长质量的重要内容,经济增长成本的高低从根本上取决于经济增长的方式,即生产要素的组合和使用方式。粗放型增长依靠的是生产要素数量的扩张,会在一定程度上造成对资源的过度开采和使用,并以环境污染与破坏为代价。通过转变经济增长的方式,把提高自主创新能力和节约资源、保护环境作为重要内容,可以降低投入与消耗、减少排放,从而提高经济增长的效率,提高经济增长的质量。对中国1978~2007年经济增长质量的测度结果表明,经济转型以来我国在经济增长数量迅速扩张的同时,经济增长质量也获得了一定程度的提高,而这主要是由资源利用效率的改进和生态环境的改善所带来的,但这并不意味着我国的资源利用和生态环境代价问题已经处于非常好的状态,只要它相对于原有的基础水平取得了进步,体现在方面指数上就是其综合评价值的增加。具体来看,经济增长的资源利用与生态环境代价主要从以下几个方面影响了经济增长的质量:

1. 经济增长成本视角。资源利用效率改进可以节约资源、改善生态环境,从而降低经济增长的成本,提高经济增长的质量。经济增长的资源利用效率可以从投入与产出两个视角来考察。从产出的角度看,它反映的是等量投入带来的产出变化。而从投入角度来看,它反映的就是单位产出的各种要素资源消耗的变化。因此,资源利用效率低主要表现在两个方面:一是高投入,主要是对投资品的过度需求;二是低产出,包括产出过少,及大量无效产出或是无效供给,两者最终的结果都表现为对资源的浪费。过度投入集中表现在对物和能的过度需求上,在经济过热时尤其如此,经济过热必然是投资热,物质消耗过度,设备磨损严重,对一些短线产品和行业进行掠夺式经营,给资源和环境带来巨大压力。过度投入的另一端是无效产出,不适销对路的产品大量积压,产品质量下降,都会造成资源的无效利用和大量浪费。从资源存储量看,我国人均淡水资源不到世界水平的1/4,人均森林蓄积量为世界水平的 1/8,人均矿产资源占有量为世界水平的 1/2,原油人均占有量为世界水平的 8.6％,天然气为世界水平的 5％。如果资源利用效率得不到提高,有限的资源就会被无效的浪费,从而表现为经济增长的成本高,经济增长质量低下。除此之外,资源利用效率低不仅导致了资源的过度利用,而且也加剧了环境的污染,目前我国的水源、大气等生态环境都受到很大程度的污染,我国每年因环境污染造成的损失也是相当巨大,从而带来高成本、低质量的经济增长。如果资源利用效率能够得以提高,那么资源存量和环境状况的问题就会改善,经济增长的代价就会变小,从而经济增长质量获得提高。

2. 经济增长的持续性视角。资源利用效率的改进有助于保持经济增长的持续性,改善生态环境,从而促进经济增长质量的提高。中国当前粗放型的经济增长是以过度的资源环境消耗为基础的,过度的资源消耗会使得经济增长的投入要素成本增加,从而影响经济增长的速度。与此同时,由于经济增长速度加快,在增长过程中过度的环境污染和生态破坏的可能性就越大,从而威胁到人类的生产生活。资源和环境的承载力都是有限度的,如果在进一步经济增长的过程当中不有效提高资源的利用效率,那么过度的资源消耗,尤其是在工业化中期对大量资源的使用,最终会造成出现资源短缺的状态,从而制约经济的进一步发展。Donella H. Meadows 等(1992,2004)的研究发现,如果对经济增长有意加以约束并相应提升技术水平,那么资源利用的效率就能得以提高,单位工业产出的污染排放就会减少。[①] 因此,对资源利用效率的改进可以保持经济增长的可持续性,降低生态环境代价,从而促进经济增长质量的提高。

3. 经济增长的福利改革视角。生态环境改善可以提高居民整体的福利水平,从而提高经济增长的质量。对于福利这个概念,早期的福利经济学将其理解为社会福利中能够用货币衡量的那一部分。而在 20 世纪 40 年代左右,一些研究者提出了社会福利函数理论,用一个包

---

① 　[美]德内拉·梅多斯等:《增长的极限》,李涛、王智勇译,机械工业出版社 2006 年版,第 121~162 页。

含有消费、劳动、资本等经济要素的多元函数来表达福利水平。20世纪50年代以后,由于收入分配不平等问题的凸显,促使许多学者开始重视人们的心理体验和真正意义上的幸福感受,将福利与幸福、快乐等同起来。20世纪60年代以来,将收入水平等客观指标作为福利标准的研究受到质疑,福利的概念变得越来越宽泛,与人们生活质量息息相关的各种因素都被纳入到福利的范围之中。经济增长是推动健康生活所必须的,它可以从各个方面带来居民整体福利的改善,但毫无约束的增长却是有损于居民福利水平的,如果经济增长过程消耗越来越多的各种资源,那么作为居民生存载体的生态环境在承受太多人类活动之后就会遭到破坏,从而导致居民的福利水平下降,经济增长质量受到阻碍。

第三节 资源利用、生态环境代价与经济增长质量的实证分析

一、计量模型设定及数据说明

正如之前所分析的那样,经济增长质量指数是包含多个维度多个指标的合成指标,如果把它作为被解释变量,那么解释变量就成为被解释变量的一部分,从而导致出现内生性问题。因此,我们将经济增长的资源利用与生态环境代价作为被解释变量,而把经济增长质量作为解释变量来对两者之间的关系进行经验验证。基于以上分析,我们采用1978~2007年中国各省市区的面板数据对经济增长的资源利用、生态环境代价与经济增长质量的关系进行实证分析,用于估计的计量模型设定如下:

$$Cost_{it} = \theta Qual_{it} + \beta X_{it} + \alpha_i + \mu_{it} \qquad (7.1)$$

其中,下标 i 为各省市区的标识($i=1, 2,\ldots 28$),下标 t 是各年份($t=1978, 1979\ldots 2007$)的标识; $Cost_{it}$ 表示省份 i 在第 t 年的资源利用与生态环境代价; $Qual_{it}$ 表示省份 i 在第 t 年的经济增长质量水平, X_{it} 为控制变量集; θ、β 分别为经济增长质量、控制变量的系数, α_i 表示截距项, μ_{it} 为随机扰动项。控制变量集 X_{it} 包括人

口自然增长率 pop 和用政府支出占 GDP 的比重来度量的政府支出规模 gov 。[①]

本章采用 1978～2007 年的省际面板数据进行实证分析,各省市区历年的经济增长资源利用、生态环境代价指数与经济增长质量指数来自本书第四章的测算结果,其他所需数据均来自历年《中国统计年鉴》、各省级统计年鉴、《新中国五十五年统计资料汇编》等。考虑到经济状况的特殊性,省际面板数据中未包括港澳台地区,考虑到数据的可得性问题删除了西藏及海南,重庆在 1997 年后才成立,为保持数据与逻辑的一致性其数据合并到四川省。由此本章的面板数据模型中共有 28 个截面。

二、模型形式的设定

我们首先采用 F 检验和 Hausman 检验来选择合适的模型形式设定。如果从时间上看,不同个体之间不存在显著性差异;从截面上看,不同截面之间也不存在显著性差异,那么就可以直接将面板数据混合在一起用普通最小二乘法(OLS)估计参数,即采用混合回归模型来估计参数。根据表 7-1 中的检验结果,统计量 F_1 的值大于 5% 显著性水平下的相应临界值,因此我们拒绝样本数据符合混合回归模型的原假设,进而由于统计量 F_2 的值小于 5% 显著性水平下的相应临界值,则选择用变截距模型形式拟合样本。

一般而言,面板数据模型的误差项由与个体观察单位有关但不随时间变化的非观测效应模型和因截面因时间而变化的不可观测因素两部分组成。而非观测效应模型又可分为固定效应模型和随机效应模型,如果这个不随时间变化的非观测效应对应的因素与模型中控制的观测到的解释变量相关,则模型为固定效应模型;如果非观测效应与可观测的解释变量不相关,则模型为随机效应模型。我们采用 Hausman 检验来判断采用固定效应模型还是随机效应模型。根据表

---

① 由于经济增长质量指数中已经包含了经济增长过程中方方面面的指标,因此在控制变量集中我们只考虑外生的人口因素以及政府的作用。

7-1中的检验结果有 P<0.05，则拒绝原假设采用固定效应模型。由此可得，我们最终选取固定效应的变截距模型作为进一步分析的基准模型。

表7-1 不同面板数据模型形式设定的检验结果

解释变量	混合回归模型	变截距模型		变系数模型	
		固定效应	随机效应	固定效应	随机效应
$Qual_{it}$	0.514325	0.406598	0.426527	系数向量（略）	系数向量（略）
pop_{it}	−55.49929	−214.4736	−142.6831	系数向量（略）	系数向量（略）
gov_{it}	9.027864	4.089745	3.535336	系数向量（略）	系数向量（略）
R^2	0.453952	0.596760	0.536051	0.397601	0.351465
F 检验	$F_1 = 6.908 >$ 临界值，拒绝采用该种假定。	$F_2 = 1.201 <$ 临界值，接受采用该种假定。		$F_2 = 1.201 <$ 临界值，拒绝采用该种假定。	
Hausman 检验	NA	Chi-Sq. Statistic= 97.618581 Prob.=0.0000		Chi-Sq. Statistic=188.039008 Prob.=0.0000	

注：表中的值为回归变量的系数。由于变系数模型中28个截面的变量系数各不相同，为系数向量形式，则表中省略此部分数值。F检验的临界值为 5% 显著性水平下相应的临界值。此外，所有模型回归方程中的常数项也在此省略。

三、各变量的面板单位根检验

为了避免虚假回归问题的存在，我们先来对面板数据进行单位根检验。面板数据单位根的检验方法是比较多的，在本章中我们选择 Levin，Lin 和 Chu 检验（2002）、Im Pesaran 和 Shin W 检验（2003）、 ADF-Fisher Chi-square 检验（1999）和 PP-Fisher Chi-square 检验（2001），且滞后期数根据 AIC 原则进行选取。表7-2 是对变量 $Cost_{it}$、$Qual_{it}$、pop_{it}、gov_{it} 的单位根检验结果。结果表明，四个变量的原始序列经几种方法检验基本都有单位根，而一阶差分序列则同时通过四种方法的检验，由此说明这四个变量均为一阶单整，即 I(1)。

表 7-2　面板数据单位根检验结果

变量	Levin, Lin & Chu t*	Im, Pesaran and Shin W-stat	ADF-Fisher Chi-square	PP-Fisher Chi-square
$Cost_{it}$	17.9554	18.8490	27.7516	35.2707
$\Delta Cost_{it}$	−7.53805***	−9.48540***	342.964***	489.458***
$Qual_{it}$	9.58965	8.77885	74.4122*	97.0479***
$\Delta Qual_{it}$	−20.5634***	−24.8843***	536.717***	643.320***
pop_{it}	−0.83098	1.93192	32.3635	31.4040
Δpop_{it}	−19.4709***	−20.1996***	439.153***	588.755***
gov_{it}	−0.19397	−0.46860	43.807	36.678
Δgov_{it}	−16.1516***	−15.5128***	322.042***	307.037***

注：*、* *、* * *分别表示统计值在10%、5%和1%的水平上显著。

四、协整检验

对非平稳时间序列进行回归分析时会产生虚假回归的问题，但是当各非平稳变量的特定线性组合稳定时，这些变量间就具有一种内在的平稳机制，导致它们自身的变化虽然是不平稳的，而彼此之间却具有长期均衡关系，则由非平稳变量导致的虚假回归问题就不再存在了。通过单位根检验，变量 $Cost_{it}$、$Qual_{it}$、pop_{it}、gov_{it} 均为 I(1) 单位根过程，存在协整的可能，因此我们采用两步检验法进行协整检验，对固定效应的变截距模型进行回归分析，结果可见表 7-3。

表 7-3　面板数据回归结果

变量	回归系数	标准误差
α	2.666503***	0.257812
$Qual_{it}$	0.406598***	0.019956
pop_{it}	−214.4736***	15.80600
gov_{it}	4.089745***	1.431545

注：*、* *、* * *分别表示统计值在10%、5%和1%的水平上显著；反映地区差异的 α^* 的相应估计结果在此省略。

　　模型的估计结果显示,经济增长质量指数变量的系数显著为正,表明中国经济转型期经济增长资源利用、生态环境代价与经济增长质量之间存在显著的正向关系。人口自然增长率的系数显著为负说明在中国经济发展过程中人口增长的迅速增长给资源利用和生态环境带来巨大的压力。政府支出规模的系数为正说明政府在经济增长的资源利用与生态环境方面发挥了正向的作用。在回归分析之后,我们对残差项的平稳性进行检验,残差的面板单位根检验结果显示,残差是平稳的,这意味着变量间协整关系存在,在我国经济转型期经济增长资源利用、生态环境代价与经济增长质量正相关。

第四节　本章小结

　　本章对改革开放以来中国经济增长的资源利用、生态环境代价与经济增长质量之间的关系进行了理论研究与实证考察。1978～2007年中国经济增长质量指数在不同阶段具体的变化趋势与资源利用和生态环境代价方面指数的变动趋势基本保持一致,两者都呈现出波动中上升的趋势。经济转型 30 年以来中国经济增长质量的提高主要是由资源利用效率的改进和生态环境的改善所带来的。资源利用效率和生态环境代价都是经济增长质量的重要方面,资源利用效率改进可以节约资源、改善生态环境,从而降低经济增长的成本,提高经济增长的质量;资源利用效率的改进有助于保持经济增长的持续性,改善生态环境,从而促进经济增长质量的提高;生态环境改善可以提高居民整体的福利水平,从而提高经济增长的质量。通过对 1978～2007 年中国的省际面板数据进行实证分析,发现模型的估计结果与理论研究的结论是一致的,经济增长质量指数变量的系数显著为正,表明中国经济转型期经济增长资源利用、生态环境代价与经济增长质量之间存在显著的正向关系。

第八章 提高中国经济增长
质量的路径选择

　　经济增长质量是指经济增长内在的性质与规律,从经济增长的过程和结果上来考察主要包括经济增长的结构、经济增长的稳定性、福利分配以及资源环境代价四个维度的内容。经济增长质量的变化会影响经济增长的速度,如果增长质量稳定和上升,经济增长就具有较强的后劲,持续快速增长就有较大的潜力或可能性;如果增长质量波动和下降,经济增长的可持续性就会受到破坏,增长过程就会出现波动。同时,经济增长质量还影响着经济增长的有效性,使同样的增长速度出现不同的经济效果,表现为国民福利含量和增进程度的差别。保持较高的增长质量,是经济长期持续增长和高效增长的重要保证。对中国经济转型 30 年经济增长质量状态的测度结果表明,自 1978 年以来中国的经济增长质量基本上呈现出波动中上升的态势,其中经济增长的结构指数一直处于缓慢下降的状态,经济增长的稳定性和福利分配指数略微有所上升,这一时期中经济增长质量的提高主要是由资源利用效率的改进和生态环境的改善所带来的。虽然我国的经济增长质量在改革开放 30 年以来也得到了一定程度的提高,但是这与这一时期经济增长数量的迅速扩张显然存在很大差距。在中国经济发展进入新阶段的背景下,在经济增长数量不断扩张的同时,还需要不断调整经济增长的结构,保持经济增长的稳定性,改善经济增长的福利水平和成果分配,改进经济增长的资源利用效率和生态环境代价,由此来实现经济增长的数量与质量的统一,实现中国经济发展的长期可持续性。当前中国的经济发展已经步入新阶段,为了提高经济增长质量,中国的经济发展战略必须要做好一系列的转型:一是战略思路从比较优势向竞争优势的转型,二是战略目标由低成本扩张型向高效率创新型发展转型,三是战略模式由过去的数量型增长向质量效益型增长转型,四是战略要素依赖由过去的资源耗费型向资源节约型转型,五是战略重点由经济主导型向经济社会协调型发展转型。基于此,根据中国经济发展进入新阶段的基本特征和面临的转型问题,必须确立与经济发展新阶段相适应的新发展战略,围绕着经济增长质量的提高,形成与经济发展新阶段相适应的经济发展新路径。下面是提高中国经济增长质量的路径选择。

第一节 继续推进经济转型

经济增长质量是指经济增长内在的性质与规律,既要从其动态过程中来考察,也涉及经济增长的后果和前景问题,其具体内涵包括经济增长过程方面的经济增长结构以及经济增长稳定性和经济增长结果方面的福利分配与资源环境代价。我国目前正处在经济转型时期,从内容上来考察经济转型包括三个层面的内容:第一个层面为经济体制的转型,它是指由计划经济体制向社会主义市场经济体制的转型;第二个层面为经济增长方式的转型,这是指由粗放型增长方式向集约型增长方式的转型;第三个层面为社会的转型,这意味着由不发达经济向现代化经济的转型。我们知道,经济转型从本质上看是一场大规模的制度变迁过程,使制度正确从而形成社会制度结构中的关键变量即社会激励结构是经济转型中至关重要的一个问题,它的实现可以节约经济增长过程中的交易成本,形成提高经济增长质量的激励和治理机制。由此可见,经济转型可以为经济增长质量的提高提供制度基础。[1] 具体而言,经济转型对经济增长质量的作用体现在:第一,经济转型可以为经济增长质量的提高提供有效的激励制度。如果经济转型能够为经济增长质量问题提供一种有效的激励制度,那么这种新制度就可以将经

---

[1] 钞小静、任保平:《中国的经济转型与经济增长质量:基于 TFP 贡献的考察》,《当代经济科学》2008 年第 4 期,第 23~29 页。

济增长的成本与经济增长的收益联系起来,使得私人边际成本与社会
边际成本之间是相等的,经济增长过程中那些原本外化为社会的成本
会被内化为经济主体的成本,从而经济增长的质量就能得以提高。第
二,经济转型能够减少经济增长过程中可能存在的负面影响。对资源
的过度消耗与浪费、对生态环境的污染与破坏、对生态平衡的损害等现
象都是经济增长过程中外部经济效应的一种表现,在经济转型过程中
所形成的一系列新制度可以实现外部效应的内部化,使各个经济主体
承担起自身经济活动所带来的成本与收益,这样将非常有利于经济增
长成本的降低,从而经济增长质量能够得以提高。第三,经济转型可以
为经济增长质量的提高提供约束、规则以及必备的条件。也就是说,在
经济转型过程中所形成的新制度能够将追求利益最大化的行为限制在
一定的范围之内,能够提供与经济增长质量紧密相关的各种技术规范
和行为准则等,能够通过各种措施为经济增长质量的提高提供必需的
条件。第四,经济转型可以协调经济增长与生态环境之间的关系。"环
境库兹涅茨曲线"清楚地表明随着经济的迅速增长,对生态环境的损害
将会变得越来越严重,经济增长的成本将会不断的上升。导致这种情
况出现的根本原因在于缺乏协调两者关系的制度框架和激励性、约束
性的制度安排。在经济转型过程中可以通过制度创新来克服制度变迁
的路径依赖,由此形成协调生态环境与经济增长之间关系的一系列制
度安排,从而降低经济增长的代价,实现经济增长质量的提高。基于
此,随着我国经济增长进程的不断发展,我们需要进一步推进经济转
型,充分发挥经济转型过程中制度安排的作用,提高经济增长的质量。

第二节 不断调整和优化经济增长的结构

经济增长的结构是从经济增长的过程上来反映经济增长质量的,
是经济增长质量的重要维度之一,经济增长结构的优化有利于改善资
源的配置状况,有助于抑制经济增长的大幅波动,有助于改善一部分居
民的福利水平,从而提高经济增长的质量。中国经济"失衡并增长"的
状态已经持续多年,从长期来看,建立在结构不断失衡累积基础上的经

济增长是不可持续的,如果单纯追求 GDP 的数量型增长,而忽视经济增长的结构等经济增长质量问题,那么在 GDP 高速增长的过程中,经济增长的结构失衡问题不断累积,经济增长的稳定性受到破坏,环境成本、社会代价日益提高,经济增长的可持续性就会缺乏基础。因此,在未来的经济发展中,应当重视经济增长结构失衡的矫正,促进经济平衡发展。

从产业结构来看,1978～2007 年间我国第二产业的比重相对过高,而第三产业的比重相对偏低。郭克莎(1999)认为我国产业结构的失衡会影响消费需求的扩大,由于服务供给不足导致服务需求无法实现,从而对总体福利产生影响。虽然改革开放 30 年以来我国第三产业的比重呈现出不断提高的趋势,但与其他国家近似发展时期的产业结构相比,我国第二产业比重明显偏高,这可能与片面理解工业化和政府计划主导工业化道路的惯性有关,我国的产业结构还存在巨大的调整和优化的空间。大力发展第三产业,加强农业劳动力人力资本的培养,打破对要素流动的限制,将有助我国产业结构的不断优化。从二元经济结构来看,我国的二元经济结构仍然没有实现顺利转化,在资源配置方面,二元经济结构使得传统部门的劳动力与现代部门的资本无法有效结合,农村中大量过剩劳动力无法转移,形成"三农"问题;在宏观经济方面,二元经济结构造成城乡经济的差异和城乡居民收入水平的差距难以消减,使得农村居民的消费能力不足,从而抑制了需求、阻碍了经济的增长;从制度变迁来看,二元经济结构形成了经济结构转变的"双重演进"的特征,加大了制度变迁的成本;在经济结构转变方面,二元经济结构的存在导致城市化的发展滞后于工业化的发展。在未来经济发展中要加快对传统农业的根本改造,推进农业工业化的进程;协调工业化与城市化的关系,促进工业化与城市化的互动发展;发挥市场机制的作用,促进城乡关系的协调发展。从投资消费结构来看,1978～2007 年以来我国的投资率呈现不断上升的趋势,而消费率则表现为不断下降的态势,这种投资率偏高而消费率偏低的结构反映出我国当前经济增长过程中面临的两难问题:一方面为了顺利实现经济增长数量的扩张和农业劳动力的转移需要维持一个较高的投资率;而另一方面高投资带来了经济的不稳定性。在我国经济发展过程中需要调整好投资与消费的关系,扩大内需尤其是消费需求,注重提高中低收入者的收入,不断完善消费政策。

第三节　不断增强经济增长的稳定性

作为经济增长质量重要维度之一的经济增长稳定性是与经济波动相对而言的,经济周期波动本身是超越体制与发展阶段的一种普遍现象,不稳定是常态,但是过度的经济波动就会破坏经济长期稳定增长的内在机制,会造成一部分居民福利水平的损失以及福利分配状况的恶化,会造成经济增长成本的增加,从而将影响经济增长的质量。通过对我国 1978 年以来经济增长稳定性的考察,我们发现在我国经济发展和体制转轨这个特殊的大背景下,经济增长的波动呈现出十分明显的周期性和阶段性,大起大落的经济波动极大地损害了经济增长的质量,近年来我国的经济波动出现明显的平稳性趋势。

虽然近些年来中国经济增长的稳定性呈现不断增强的趋势,但是影响经济平稳增长的一些因素依然是存在的。我国固定资产投资的总规模仍然非常大,即使政府在宏观调控中会对投资增幅进行一定的抑制,然而导致投资过快增长的体制性问题尚未得到根本解决,投资反弹并引发经济较大波动的风险依旧存在。一方面,尽管研究者们对中国当前投资率过高、消费率相对偏低的现状忧心忡忡,但中国作为一个劳动力过剩的发展中国家,在经济发展的这一阶段仍然要求加强资本积累来吸收农村剩余劳动力,现有的投资消费结构有其必然性和必要性。另一方面,目前的投资消费结构使得我国的经济更易受到投资方面的冲击,而且会影响投资决策的原材料价格、实际利率等。如果经济出现"大起大落"的波动,将会对整个经济发展的运行机制和秩序带来损害,会阻碍经济增长质量的提高。随着中国经济发展总体上由起飞阶段步入到加速发展的新阶段,在中国即将迈入"后改革时代"的背景之下,提高经济增长的稳定性对于经济更加长远的发展具有特殊的意义。因此,在未来的经济发展中,保持经济运行的平稳性仍然是一个不可忽视的重大问题。导致我国经济波动的主要因素是政府的宏观调控,在我国经济发展的过程中需要保持宏观经济调控方向和经济政策工具的稳定性和持续性,注意运用多样化的调控手段进行微调,避免不合理政策对经济运行造成的危害。

第四节 推动公平的经济增长

"效率"与"公平"之间并不是绝对对立的,收入分配不平等程度的持续上升,不仅不利于全民分享经济发展的成果,而且也通过各种机制抑制了经济的增长。缩小收入差距并不仅仅是为了实现道德层面的公平,如果任由收入差距扩大,那么经济增长本身将会受到损害,这对每一个社会成员都是不利的。除此之外更为重要的是,我们之所以关注经济增长的过程并不仅仅是为了其本身,更是为了经济增长的结果。我们追求经济增长的最终目的是为了整个人类福利水平的改善。居民福利水平的改善是我们追求经济增长的最终目的,是经济增长质量的核心内容,收入分配不平等会抑制消费需求,导致经济增长的结构失衡,会影响人力资本投资,阻碍二元经济结构的转化,从而抑制经济增长质量的提高。中国作为世界上最大的发展中国家,形成于新中国成立初期重工业优先发展的赶超战略的背景之下的二元经济结构成为其显著的特征之一,国家政策的配置长期倾向于城市导致城乡差距持续扩大。改革开放30多年来,我们以体制转型为主线,以渐进改革为路径,通过宏观体制、微观体制的改革以及发展环境的改善和对外开放所提供的动力机制促进了中国经济增长,实现了"中国经济增长的奇迹"。但是2007年以来的短期经济波动、2008年国际金融危机冲击下中国经济的困境意味着前改革时代的终结和后改革时代的到来。前改革时代我们倡导的是"先富论",这种单纯追求经济增长数量扩张的理念使得可持续发展受到挑战,带来贫富差距的不断扩大,因此进入后改革时代,我们需要更加强调共同富裕,推动公平的经济增长。

对中国1978~2007年经济增长质量的测度结果表明,在经济增长的福利变化与成果分配维度中,主要是由整体福利水平的改善带来了经济增长质量指数的提高,而成果分配方面与总体经济增长质量的变化关系则是反向的,在经济增长数量不断扩张的同时,广大人民并没有充分享受到经济增长的成果,收入分配差距的拉大、不平等程度的上升制约着中国经济增长质量的进一步提高。因此,从长期来看,我们需要重视收入分配的不平等问题,推动经济增长由少数人分享型向全体人民分享型的转变。在这一过程中,不仅需要通过调整经济结构、提高劳动收入来扩大居民的消费能力,实现财政转移性支出由支持少数群体政策转变为支持全体居民的普惠制政策,而且还应当调整户籍、土地等制度,促进要素在群体和地区之间的合理流动,大力推进城市化,从而使经济增长的成果在各个群体之间的分配更加平等。

第五节　转变经济发展方式

经济增长的实现是有代价的,资源利用和生态环境代价是从经济增长成本的角度来考察经济增长质量的,是经济增长质量的重要方面。资源利用效率改进可以节约资源、改善生态环境,从而降低经济增长的成本,提高经济增长的质量;资源利用效率的改进有助于保持经济增长的持续性,改善生态环境,从而促进经济增长质量的提高;生态环境改善可以提高居民整体的福利水平,从而提高经济增长的质量。从我国1978～2007年经济增长资源利用与生态环境代价总体的变动趋势来看,这一时期资源环境代价指数值是逐步提高的,但由于我国当前正处于工业化加速时期,资源与环境问题已经成为制约我们进一步发展的瓶颈,这从根本上来看取决于经济发展方式的转变。作为一个发展中国家,我国的经济发展历程从本质上来看是一种"以物为本"的经济发展方式,这样的经济增长是通过高投入和扩大规模的路径来实现的,所导致的结果就是:其一,资源利用效率低下,具有高成本、低效益的特征;其二,生态环境遭到破坏,对资源过度开采和过度利用、对环境过度破坏和过度污染。实现经济增长方式从粗放型向集约型转变是中共十四届五中全会确定的重大战略任务。随着中国经济发展由起飞阶段迈入加速发展的新阶段,党的十七大明确提出转变经济发展方式,实现国民经济又好又快的发展。2009年12月召开的中央经济工作会议深刻阐述了加快经济发展方式转变的重要性与紧迫性。因此,转变经济发展方式成为未来经济发展中的重要命题,这就需要我们在生产方式上,建立低耗能、轻污染的生产方式。在生产中资源浪费、环境破坏由传统经济发展模式条件下的末端控制转变为全过程管理、推行清洁生产和柔性化的工业生产方式,进行工业生产方式的革命。大力推行循环经济,以物质和能量的体积和闭路循环为特征,在环境方面表现为污染低排放,把清洁生产、资源综合利用、生态设计融为一体,建立保护和利用自然资源、提高资源配置效益的经济运行方式。在消费方面,倡导文明健康的消费方式。把生活质量的提高建立在资源的低消费和生态环境优化的基础上,提倡文明消费与适度消费,改进消费结构。建立资源环境低负荷的社会消费体系,加强对消费过程中对破坏环境行为的抑制。一方面建立与环境保护相一致的价值观体系,更新人们的生活观念,进行传统消费观念的变革;另一方面在消费领域中建立与生产领域类似的抑制高能耗和生态环境破坏的机制。同时,树立新的消费方式和消费水平的评价标准,把生态环境保护与资源的合理利用作为评价生活消费质量的标准。在技术选择上,围绕环境保护和降低资源消耗建立新的技术创新体系。研究、开发和推广无污染的新技术和治理环境污染的新技术。研究和开发提高资源利用效率的新技术,降低资源浪费,拓宽人类资源利用空间。与此同时,要建立鼓励科技创新的技术进步体制,形成科技推广的公共服务体系,通过技术进步合理使用、节约和保护资源,提高资源利用率,重点推进以土地、矿产、水资源的节约使用和合理开发利用及提高资源综合利用水平为主要内容的资源节约战略,强化水资源的开发、利用、保护和统一规划与管理,协调生活、生产和生态用水,完善水资源有偿使用制度。

第六节　重视地区经济增长质量的差距

区域间均衡发展的迫切性与中国经济整体的持续发展直接相关。中国由计划经济向市场经济转型的渐近式改革,从改进激励机制与提高微观经营效率入手取得了堪称奇迹的经济快速增长,但是中国自经济转型以来,尤其是 20 世纪 90 年代以来,经济增长在地区间却表现出明显的非一致性,地区差异对于我国整体经济的进一步增长构成了一定的威胁。从经济增长数量视角来看,现有研究表明我国地区经济增长数量的差距在 1989 年或 1990 年之前呈现出一种缩小的趋势,之后地区差异开始扩大,但是中国地区经济增长质量差距与经济增长数量差距的变动趋势并不是一致的。从经济增长质量视角来看,中国 28 个省市区在 1978～2007 年间的经济增长质量水平并没有表现出绝对收敛的趋势,但在 1993～1997 年,1998～2002 年,2003～2007 年这三个阶段呈现出地区经济增长质量差距缩小的态势,而收敛速度是逐渐降低的。按照传统的东中西部的划分将全国分成三个子样本对于趋同俱乐部的划分而言并不是十分理想,采用聚类分析法对中国地区经济增长质量差异的俱乐部趋同进行研究发现 4 个趋同俱乐部。以上结果给我们的启示是:首先,在制定区域发展政策的过程中,不仅需要考虑各地区经济增长数量的发展水平,同时还要兼顾各地区经济增长质量的状态。经济增长数量与经济增长质量在中国地区经济增长差距中的变动趋势并不是一致的,单纯针对某一方面所制定出的区域经济政策只能改善经济增长差距的一部分内容,但同时很有可能会从另一方面强化甚至是扩大地区经济增长的差距。其次,不管是从经济增长的数量框架还是从经济增长的质量框架对中国地区经济增长差距进行分析都发现,中国地区间经济增长的收敛性存在着明显的阶段性,当前虽然人均 GDP 的差距出现了一定的扩大趋势,而经济增长质量指数却呈现出明显的缩小趋势,在未来的经济发展中我们应当在继续提高经济增长质量的同时,着重控制地区经济增长数量差距的进一步拉大。

第九章　提高中国经济增长
质量的战略转变

　　经济增长既有量的要求,又有质的规定性,是数量和质量的统一。一个完整的经济增长的定义应该外在表现为总数量的扩张,而内在表现为质量的提高。传统的经济增长理论以经济增长数量为研究对象,属于一种数量型的经济增长理论,在这一理论指导之下各经济体主要倾向于追求经济增长的高速度与数量扩张。传统的经济增长理论与发展模式在经济发展的初级阶段有其一定的合理性,但在经济发展由低级阶段向高级阶段迈进的过程中,这一模式的弊端和局限性就逐步暴露了出来,需要进行增长理论的创新与发展模式的转换。中国经济转型 30 多年来总量经济保持了持续高速增长的态势,形成了中国经济增长的奇迹,但它却主要表现在数量上的扩张,具有典型的"高数量、低质量"的特征。片面的追求经济增长数量带来了结构失衡、分配不均、贫富差距扩大、资源短缺及环境污染等问题,本书对中国 1978～2007 年经济增长质量的测度结果表明,自 1978 年以来我国在经济增长数量迅速扩张的同时,经济增长质量也获得了一定程度的提高,但其改善的速度却远远落后于数量的增长,经济增长质量的绝对水平仍处于相对较低的程度。具体来看,在经济增长质量的四个考察维度之中,经济增长结构指数一直处于缓慢下降的态势,经济增长的稳定性基本处于上升趋势,福利变化与成果分配、资源利用和生态环境代价指数也获得一定改善。

　　随着中国经济增长步入新的阶段,面对经济全球化、市场化、信息化的挑战,必须确立与新阶段相适应的新发展战略,实现提高经济增长质量的战略转变。从发展战略的转型来看,在战略思路上,应当以促进国民经济又好又快发展为目标,以知识和技术为动力,以制度创新为基础,实现以新型工业化为核心的经济现代化,以追求效率、秩序、民主为目标的政治现代化;以城市化为社会特征的社会结构现代化;以人的素质提高和生活方式、价值观念变革为主体的人的现代化。在战略目标上,由过去单一的短期增长目标转向长期综合目标。这种综合目标表现为:"转型、创新、富民、和谐"。在战略创新方针上,由过去的制度创新转向以建设创新国家为内容的综合创新。中国过去的战略创新方针是单一的制度创新,在制度创新的基础上加强以建设创新国家为内容的综合创新。在战略措施上,要由单一"市场化"路径转向市场化、工业化、城市化和生态化的综合推进,增强对外开放能力和综合竞争力。具体而言,提高中国经济增长质量的战略转变涵盖以下四个方面的内容:在经济发展理念上,应当在总结传统的非理性发展观指导下的发展模式所造成的负面效应基础上,以整体性作为发展观的出发点,提出理性的科学发展观;与发展观念转变相对应,在经济发展战略模式上要实现由"以物为本"的传统经济发展模式向"以人为本"的现代新型经济发展模式的转型;在战略重点上需要实现工业化战略由传统工业化向新型工业化的转变。

第一节　从传统发展观向科学发展观转变

发展观念作为一种非正式的制度安排会对发展战略、发展过程及其结果产生巨大的影响。20世纪40年代,发展经济学家一般将经济发展等同于经济增长,并把经济增长率作为衡量经济发展的唯一指标,认为工业部门的规模扩张是促进经济增长的关键。20世纪60年代以后,发展经济学的发展观发生了重大变化,经济结构的转变、收入分配的不公、资源环境危机等因素都被纳入发展的内涵之中,发展观念由单一的传统发展观开始向综合的科学发展观转变。2003年党的十六届三中全会总结改革开放的经验,审议通过了《中共中央关于完善社会主义市场经济体制的决定》,提出了全面、协调和可持续发展的科学发展观问题,我国发展观的演变体现了由单一的传统发展观向综合的科学发展观的转变。

传统的发展观是一种非理性的发展观,它以追求单纯的经济增长指标为发展目的,认为只要提高经济增长率,社会财富就会自然增长,经济会自然发展起来,在传统发展观看来发展问题只是一个单纯的经济问题,资源、环境问题只是经济发展的外生变量或外部环境。这种发展观念单纯强调发展的速度与数量,却忽视了发展的后果和质量。在这一发展观的指导之下,人类以牺牲资源与生态环境为代价来追求产量的增长,只考虑当前可以预期到的直接经济后果,而忽视未来不可预期的经济后果,在这种发展观的支配之下经济增长中的负面效应被放大了。科学发展观是在总结传统的非理性发展观指导下的发展模式所造成的负面效应基础上而提出的,它是一种以人的发展为核心,以整体性、全面性和综合性来考虑发展问题的理性的发展观。在这一发展观下,发展的目标不再仅仅停留于经济指标的增长,诸如安全、健康、教育、收入和财富分配、就业水平和环境质量等包括经济发展、政治发展、文化发展在内的多重内容成为经济发展的目标。科学发展观认为发展应当是一种协调的发展,既包括社会与自然环境之间的协调发展,也包括社会内部各方面的发展;而且发展还应当是一种持久的发展,必须有利于基本生态过程和保护生命维持系统,保证人类对环境资源的永续利用。

当前,随着中国经济增长步入新的阶段,要实现经济增长质量的提高,必须摒弃传统的发展观和发展模式的影响,牢固树立并坚持科学发展观,在经济发展中不仅考虑经济指标的增长,而且关注政治民主、科技进步、教育发展、生态环境保护、社会结构的完善、文化的繁荣、收入分配的改善。从具体的发展手段来看,在技术进步的基础上,需要提高资源的循环再生能力;从发展的后果来看,应当强调低代价发展,既实现发展的代内公平,又保证发展的代际公平。科学发展观强调人与自然的协调性与区域经济的均衡发展,因此在发展中不仅需要强调城乡统筹协调发展,逐步缩小城乡差距和改变城乡二元结构,而且需要重视统筹收入分配的协调发展,在坚持国民收入分配总格局合理性的基础上,改善低收入阶层的收入状况。从统筹城乡经济社会协调发展来看,城乡关系和"三农"问题关系现代化建设全局,必须加快政府职能转变,逐步消除造成城乡分割的体制障碍,协调配套地推进城市和农村管理体制改革。[①] 从统筹收入分配的协调发展来看,收入分配不平等程度的持续上升,不仅不利于全民分享经济发展的成果,而且也通过各种机制抑制了经济的增长。因此,在经济增长的过程中需要关注公平问题,缩小收入分配的差距,实现少数人分享型的增长向全体人民分享型增长的转变。

除此之外,科学发展观还要求我们统筹区域经济的协调发展,解决"极化效应"造成的区域市场分割、区域经济发展差距,促进区域经济合理布局和协调发展,逐步缩小区域经济发展差距。区域间均衡发展的迫切性与中国经济整体的持续发展直接相关,我国地区经济增长数量的差距在 1989 年或 1990 年之前呈现出一种缩小的趋势,之后地区差异开始扩大,但是中国地区经济增长质量差距与经济增长数量差距的变动趋势并不是一致的,经济增长质量差距在 1991 年之后呈现出缩小的态势。因此,在制定区域发展政策的过程中,不仅需要考虑各地区经济增长数量的发展水平,同时还要兼顾各地区经济增长质量的状态。科学发展观的提出是改革进程划分的一个重要标志,经过三十多年的前改革时代,经济增长数量得到了迅速的发展,而后改革时代面临的主要任务是提高经济增长的质量。为了实现经济增长质量的提高,需要从传统的发展观向科学的发展观转变。

第二节　由物本战略向人本战略转变

传统的发展观是"以物为本"的发展观,它把物质财富的增长作为经济发展的终极关怀,认为发展中国家要改变落后的局面,就必须致力于以物质增长为核心的经济增长,只要物质财富增长起来,发展中国家的一切经济问题就自然会解决。科学的发展观是"以人为本"的发展

---

① 白永秀、任保平:《从传统发展观到科学发展观:发展观的创新》,《福建论坛(人文社会科学版)》2004 年第 8 期,第 4~8 页。

观,它把人的全面发展作为经济发展的最终目的和最强大的动力,将提高人的物质文化水平和健康水平作为发展的出发点和归宿,在经济发展过程中,围绕着人的全面发展,实现经济增长。与经济发展理念由传统的非理性发展观向理性的科学发展观转变相对应,为了实现经济增长质量的提高,在经济发展战略模式上要实现由"以物为本"的传统经济发展模式向"以人为本"的现代新型经济发展模式的转型。

从大多数国家的经济发展历史来看,最初的经济发展都是"以物为本"的模式。也就是说,在经济发展的初期总是倾向于高投入、高消耗、追求高增长率和大规模生产。作为一个发展中国家,我国的经济发展历程必然也与其他国家存在着一定的相似性,从本质上来看,它也是一种"以物为本"的经济发展模式。"以物为本"的经济发展模式单纯追求产出的增长,而且产出的增长主要是依靠生产要素投入量的增加或依靠扩大再生产规模来实现的。这种经济发展模式忽视人的全面发展,不注重改善经营管理和推动技术进步。中国"以物为本"的传统经济发展模式的特征是:第一,"以物为本"的传统经济发展模式是通过高投入和扩大规模的路径来实现,主要依靠增加物质生产要素如劳动和资本要素的投入。第二,"以物为本"的传统经济发展模式以高投入、高消耗来实现的,不考虑投入与产出之比,具有"高成本和低效益"的特点。第三,"以物为本"的传统经济发展模式具有较大的波动性,常伴随着总供给、总需求的波动和产业结构的失衡。第四,"以物为本"的传统经济发展模式建立在对资源的过度开采和过度利用、对环境的过度破坏和污染的基础上,破坏了自然生态平衡,从而损害了人类赖以生存的自然环境基础,危及了人类的长期生存和发展。

经济发展方式是否合适决定着一国的经济能否长期稳定、快速的发展。传统发展战略的各种弊端促使人们认识到这种模式不是人类追求的最佳发展方式。20 世纪 70 年代中期以后,"以人为本"的经济发展战略成为研究者们关注的重点。我国的经济发展从根本上也应该体现"以人为本",把持续提高人民的生活水平,把人的全面发展作为经济发展的出发点和归宿点。中国"以人为本"的新型经济发展模式的特征是:第一,"以人为本"的现代新型经济发展模式是通过技术进步和知识创新提高要素效率来实现的。知识是推动经济增长的一个独立的要素,知识创新和人力资本的积累作为经济增长决定性因素会产生收益递增的效应。第二,"以人为本"的现代新型经济发展模式强调宏观经济的平衡与经济结构的稳定性,注重经济的平稳发展,在较长的一段时期内来逐步调整总供给与总需求以及经济结构,从而不会激化各方面的矛盾,降低了经济发展的成本。第三,"以人为本"的现代新型经济发展模式强调人的全面发展。从内容上来看要实现各种经济活动的生态合理性;从衡量指标体系上来看要用政治、经济、文化、社会、生态、环境多项指标来衡量经济发展;从结果上来看要使经济发展在人的需要满足上达到时间与空间上的统一。

在中国 21 世纪经济发展的实践中,由物本战略向人本战略的转变需要通过行政体制创新、经济体制创新以及体制的综合创新来实现。首先,需要以行政体制创新推进传统经济发展模式向新型经济发展模式的转型。通过一系列的行政体制创新,建立精简高效的服务型政府,由政府主导经济增长转向为政府调控、市场主导的经济增长,为经济发展模式的转变提供良好的行政体制环境。行政体制创新的关键是政府改革。政府应由"无限政府"转变为"有限政府";由"权利政府"转变为"责任政府"、"服务型政府",建立基于法制规则的治理机制。其次,以经济体制创新推进传统经济发展模式向新型经济发展模式的转型。一方面,需要加快推进生产要素市场化进程,充分发挥市场配置资源的基础性作用;另一方面,需要推进市场主体改革,创建经济发展模式转型的经济和市场环境。在此基础上,实施促进产业结构优化的政策,促进产业结构升级,并且完善有利于经济发展模式的财税政策和制度,制止低水平重复建设、减少资源的浪费和提高资源利用效率。最后,进行体制的综合创新推进传统经济发展模式向新型经济发展模式的转型。实现传统经济发展模式向新型经济发展模式的转型,不仅需要经济体制和行政体制的创新支持,而且需要实现法律体制、科技体制、教育体制、收入分配体制的综合创新,建立传统经济发展模式向新型经济发展模式的转型的综合协调机制。因此,由"物本战略"向"人本战略"转变的过程中,还需要加快法制体系创新,创造有利于经济发展模式转型的法制环境,同时完善科技创新体制和教育创新体制,为经济发展模式的转型提供知识、技术和人才支持。[①]

第三节 由传统工业化向新型工业化转变

工业化是国民经济一系列基要生产函数连续发生由低级到高级的突破性转变过程,是传统的农业社会向现代化工业社会转变的过程。中国的工业化进程不同于发达国家的工业化进程,发达国家的工业化进程是在其经济体系内部自发演化而来的,而中国的工业化是由外部植入的,在列强的入侵背景下开始了中国近代的工业化进程。我国真正意义上的工业化是从1953年起步的,经历了计划经济体制下重工业优先发展的进口替代工业阶段和20世纪80年代体制转型期轻工业优先增长的工业化阶段,从1992年开始中国进入经济转轨的后期,由于全面的经济转型使经济调节机制已基本转变为市场机制,国内市场进一步市场化,国民经济运行同世界经济全面接轨,工业经济也不例外。我国工业化的发展面临信息化、全球化、工业经济竞争力和可持续发展的巨大挑战。党的十六大明确提出了我国下一阶段要走的是新型的工业化道路,实现新型工业化是中国21世纪经济发展路径的新设计,也是中国21世纪经济发展战略的转型,为了实现经济增长质量的提高,在战略重点上需要实现工业化战略由传统工业化向新型工业化的转变。

传统工业化是在工业化的初级阶段所采取的粗放式的工业发展模式,随着工业化进程步入中级阶段,新型工业化道路成为经济发展的必然要求。由传统工业化向新型工业化的转变从根本上体现的是中国经济发展模式的转型,它要求我们必须推进现代工业化进程,大力发展符

---

① 任保平、钞小静:《论中国经济发展新阶段的经济发展模式转型》,《福建论坛(人文社会科学版)》2007年第7期,第4~8页。

合能源、环境与人类要求的新型节能环保产业。① 我国传统的工业化以粗放型的经济增长为基础,通过扩大工业的规模,提高工业产业的从业人员规模来实现工业化。而新型工业化是以集约型经济增长为基础的,在经济增长方式上强调利用技术进步提高经济效益。传统工业化的目标是建立工业化的体系和物质基础。而新型工业化的目标具有二重性,即一方面要加速完成工业化,另一方面要提高工业的现代化水平。我国传统的工业化是在闭关锁国的环境中发展的,主要利用内部资源来发展工业。而新型工业化建立在开放经济的基础上,强调积极利用国外资金和先进技术来实现新工业化。由此可见,新型工业化道路顺应了节能环保发展绿色工业的时代要求,符合科学发展观所倡导的以人与自然和谐共存、协调发展为最终目标。

当前,我国工业化的现状对新型工业化的制约表现在:第一,工业经济竞争力的制约。工业的增长和发展在工业化过程中居于主导的地位,但是工业的快速增长不但要受到资源和环境的约束,还要受到工业的技术装备水平、国内外市场需求的制约。第二,农村工业化发展滞后的制约。我国典型的二元经济结构特征刺激了农村工业化的产生,从而形成农村工业化与城市工业化并存的现象。我国又是个农业大国,因此我国要实现工业化,重点是农村工业化。但是农村工业化水平低下,影响了我国整体工业化水平。第三,工业化基础薄弱的制约。农村既是工业的原材料基地,又为工业提供了广阔的销售市场,因此农村、农业的发展关系着新型工业化的前途。第四,区域工业化差异的制约。由于我国工业化进程参差不齐,东高西低,并且各地尽力要发挥自己的区位优势,忽视整体分工,片面追求技术优势的提高,忽视了资源优势的转化,使我国整体工业化水平难以提高。

基于此,为了实现经济增长质量的提高,需要实现初次工业化向初次工业化与再工业化协调的转型,完成由资源和资本驱动型工业化方式向技术驱动型的转变,实现工业化路径由规模扩张型向效率提高型

---

① 任保平:《新中国 60 年工业化的演进及其现代转型》,《陕西师范大学学报(哲学社会科学版)》2010 年第 1 期,第 139～146 页。

转变,完成工业化战略由传统工业化向新型工业化的转变。首先,统筹城乡的工业化进程,实现二元工业化的协调发展。我国的工业化是外部植入型的国家工业化,同时由于二元经济结构的存在,二元经济结构的现实与经济转型中的制度变迁相互作用,在国家工业化的基础上形成了国家工业化与民间工业化、城市工业化与农村工业化共同发展的二元工业化的特殊格局。因此,新型工业化不能脱离二元工业化的基本事实,在新型工业化的实现过程中,要统筹城乡工业化进程,实现二元工业化的协调发展,协调农村和城市的关系,还要协调农村工业化和城市工业化的关系。其次,以技术进步来推动工业化进程。与世界发达国家的工业化相比,中国制造业的研发能力和自主创新能力均比较欠缺,在传统工业化向新型工业化转型过程中,要以技术进步为核心来提高工业生产力,通过技术改造使得传统的工业企业实现现代化。最后,加快经济转型的步伐,为工业化创造新的制度环境。制度因素是影响工业化的决定性因素,20 世纪 90 年代的中国工业化是在制度变迁与结构转化的双重背景下进行的,在新型工业化的实现过程中要加快经济转型的步伐、进行经济体制改革、完善社会保障制度并推动户籍制度的改革,从而为工业化创造新的制度环境。①

① 任保平、钞小静:《世界工业化发展的趋势及中国新型工业化道路的定位》,《山西师大学报(社会科学版)》,2006 年第 3 期,第 18～24 页。

第十章　提高中国经济增长
质量的政策取向

　　在经济增长问题的研究中,经济增长数量分析与经济增长质量分析是两种截然不同的分析范式,它们在判断标准、研究方法以及研究对象等方面都存在着巨大的差别。现有相关文献大多是在经济增长数量分析的框架下展开研究,而很少从经济增长质量分析的框架入手进行考察。20世纪末,随着各种经济增长质量问题的不断凸显,经济增长质量分析才开始受到经济学界的广泛关注。在现阶段的中国,结构失衡、收入不公平、环境污染等经济增长质量问题已经成为我国经济发展的关键内容。中国经济已经走上了规模报酬递增的阶段,从数量型经济增长向质量型经济增长进行转化已经成为不可逆转的趋势。

　　经济增长质量属于经济增长的范畴,是指经济增长内在的性质与规律。具体包括经济增长的结构、经济增长的稳定性、福利变化与成果分配以及资源利用和生态环境代价四个维度。本书理论研究与实证分析的结果表明,当经济增长的结构趋向于均衡时,当经济增长的稳定性逐渐增强时,当经济增长带来居民整体福利水平上升或成果分配改善时,当资源利用效率不断提高和生态环境代价逐渐降低时,经济增长质量都将会得到提高。因此,提高中国经济增长质量的路径选择就是:第一,不断调整和优化经济增长的结构,重视经济增长结构失衡的矫正,促进经济平衡发展;第二,保持宏观经济调控方向和经济政策工具的稳定性和持续性,注意运用多样化的调控手段进行微调,避免不合理政策对经济运行造成的危害,从而不断增强经济增长的稳定性;第三,推动公平的经济增长,注重收入分配的平等程度,重视由利益冲突向利益和谐的转化,由少数人分享型的增长向全体人民分享的增长模式转变;第四,转变经济发展方式,大力推行循环经济,实现资源利用效率的改进与生态环境代价的降低;第五,重视地区经济增长质量的差距,在制定区域发展政策的过程中,不仅需要考虑各地区经济增长数量的发展水平,同时还要兼顾各地区经济增长质量的状态。提高中国经济增长质量的有效实现是以相应的制度安排与政策支持为基础的,制度的设计是否合理、相关政策的实施是否有效都直接制约了经济增长质量改善的最终效果。基于此,提高中国经济增长质量的政策取向如下。

第一节 产业政策的调整

从大多数国家的经济发展历史来看,由于传统的发展观以追求单纯的经济增长指标为发展目的,在这一发展观的指导之下,经济发展的初期总是倾向于高投入、高消耗、追求高增长率和大规模生产。作为世界上最大的发展中国家,我国的经济发展历程必然也与其他国家存在着一定的相似性,产出的增长主要是依靠生产要素投入量的增加或依靠扩大再生产规模来实现的。持续三十多年的中国经济增长奇迹,使中国由低收入国家进入到了中低收入国家的行列,但是这种单纯追求GDP 的发展理念忽视了人与社会的全面发展,从而带来严重的社会问题。中共十四届五中全会将实现经济增长方式从粗放型向集约型转变确定为我国经济发展的重大战略任务。随着中国经济发展由起飞阶段迈入加速发展的新阶段,党的十七大明确提出转变经济发展方式,实现国民经济又好又快的发展。2009 年12 月召开的中央经济工作会议深刻阐述了加快经济发展方式转变的重要性与紧迫性,这就要求我国经济发展在进入新的发展阶段背景下必须走一条不同于西方发达国家的发展道路,需要由要素投入推动型发展转化到创新推动型发展,与此相应的是,相关产业政策需要进行一定的调整与转变。

经济增长结构最主要的内容是产业结构,现代经济增长方式本质上是结构主导型增长方式,即以产业结构变动为核心的经济增长。经济增长质量的提高不仅取决于经济增长的动力有多大,还取决于市场需求和空间的大小。结构变化不仅发生在三大产业之间,而且随着三大产业结构变动,各部门内部结构也在发生变化。国际经验和中国的实践都表明,结构优化升级与经济的持续增长具有强相关性。因此,为了实现中国经济增长质量的提高,需要进一步推动产业结构的优化升级。1978～2007 年间,我国第一产业产值比重呈现为缓慢下降的趋势,由 1978 年的28.188%逐渐下降到 2007 年的 11.259%;而第二、第三产业的产值比重表现为波动中上升的态势,第二产业产值比重增加缓慢由 1978 年的47.877%提高到 2007 年的 48.644%;第三产业产值比重增长幅度较大,由 1978 年的 23.935%增加至 2007 年的 40.097%。经济转型 30 年以来我国的三次产业结构是有所改善的。在经济发展的新阶段,我国的产业结构调整应当以提高资源配置效率、促进产业升级为重点,通过产业政策的调整来促进产业结构的升级。在产业政策中,不仅需要继续发展劳动密集型产业、加强能源原材料等基础产业,而且需要将发展机械装备制造业、投资类电子产品制造业、精细化学工业、信息技术产业等技术密集型产业放在战略性的地位,以此来推进国民经济各个部门物质技术基础的现代化,提高短缺性资源的利用效率。

经济增长质量是一个包括经济增长的结构、经济增长的稳定性、福利变化与成果分配以及资源利用和生态环境代价四个维度的多元的概念。因此,在产业政策的制定过程中,还需要把各种产业、各种产品的资源消耗和环境影响作为重要的考虑因素。为了实现经济增长质量的全面提升,需要在产业政策的制定与执行中严格限制能源消耗高、资源浪费大、污染严重的产业发展,积极扶持质量效益型、科技先导型、资源节约型的产业发展;应当重视技术进步与技术改造在产业升级、治理污染中的作用,大力发展环保产业;需要将可持续发展纳入产业政策的考虑范围,促进资源的合理配置和产业布局的协调发展;需要积极发展低碳经济,采取以低能耗、低污染、低排放为基础的经济模式来降低生态环境代价,实现经济持续增长。

第二节　金融政策的调整

经济增长的稳定性是经济增长质量的重要方面,过度的经济波动不仅会破坏经济长期稳定增长的内在机制，导致供求关系失衡、经济增长的结构失衡，而且还会造成一部分居民福利水平的损失以及福利分配状况的恶化，影响经济增长的质量。2008年，发端于美国的次贷危机演变为一场百年一遇的全球性金融危机，这不仅给全球金融领域造成了灾难性的打击，同时也引发了世界性的经济衰退。对于保持经济增长的稳定性而言，如何防范金融创新中的风险、维护本国金融体系的安全与稳定变得越来越重要。随着经济全球化的不断发展，我国参与国际生产、贸易和资金循环的深度与广度也在不断增加，金融体系的稳定不仅受到国际油价上涨、美元贬值、国际政治纷争等不可控制因素的影响，而且面临着跨境金融风险的传染性的威胁。从资本监管政策来看，目前我国国际资本尤其是短期资本的流入规模急剧增长，流入速度不断加快，这不仅给货币政策的执行带来压力，而且也容易诱发国际游资的冲击影响金融体系的稳定。虽然我国存在资本管制，但是资本的非正式流动一直是存在的，随着对外交往的更加频繁，对资本账户的管制面临更大的困难，完善资本监管制度对于防范外流异动风险、保障金融稳定具有重要意义。从汇率政策来看，汇率变动的压力如果不能以主动的方式加以化解，就必然会以危机的方式释放。僵硬的汇率制度很难反映真实的汇率变动趋势，在投机者的冲击之下将会引发市场信任危机，从而导致金融体系的不稳定。我国现阶段实施盯住"一揽子货币"的有管理的浮动汇率制度，中国人民银行在保持适度人民币汇率水平的同时，更需要注重增强人民币汇率的灵活性，实行弹性汇率制。进一步推进人民币汇率制度的改革，注意与金融监管模式的协调才能保证金融稳定性目标的最终实现。

随着经济金融的全球化，金融国际化程度的不断加深，世界各国金融体系之间的相互联系与依赖性也在不断加强，各种风险在各国之间相互转移、不断扩散。金融业的跨国经营、金融资本的跨国流动在给世界金融带来收益的同时，也给金融监管当局带来巨大的困难，金融风险的跨境传递成为一种必然。由于各经济体政府单独实施监管已经无法有效抵御全球化的金融风险，世界各国政府的联合与协调监管成为一种迫切的需要。目前，随着金融国际化的发展我国已经逐渐成为世界经济与市场的重要参与者和推动者,但是我们与其他国家在经济金融体制、法律制度、监管环境等方面均存在较大的差异,这就要求我国必须加强跨境金融监管和国际金融监管合作。为了促进我国金融监管能力尤其是跨境监管能力的提高,使我国的金融监管逐渐步入国际化的轨道,以不断适应金融全球化所带来的新形势的需要,我国应当积极参与国际、区域以及双边等多层面的金融监管合作。

第三节　收入分配政策的调整

我们之所以关注经济增长的过程并不仅仅是为了其本身,更是为了经济增长的结果,追求经济增长的最终目的是为了整个人类福利水平的改善。因此,作为经济增长质量重要维度的福利分配问题,对于我国经济增长质量的提高具有举足轻重的作用。本书对我国 1978~2007 年的福利变化和成果分配维度的测度结果表明,自 1978 年改革开放以来我国居民整体的福利水平在收入、健康、教育以及住房等问题上得到一定程度的改善与提高,但是收入分配的状况却呈现出一定程度的恶化态势,广大人民却并没有充分享受到增长的成果。虽然改革开放 30 年以来中国经济一直处于快速增长的水平,但收入差距也正在不断地扩大,收入分配差距的拉大、不平等程度的上升制约着中国经济增长质量的提高。在前改革时代我们强调"一部分人先富起来",改革的利益和成果没有被大多数人所分享,造成了收入分配的严重差距,随着我们步入后改革时代,在改革目标和价值判断上要强调改革成果的分享性,使大多数人能够分享改革的成果。因此,为了提高中国经济增长的质量,需要对收入分配政策进行调整,在初次分配与二次分配中都注重收入分配的平等程度,重视由利益冲突向利益和谐的转化。首先,应当促进收入分配体制的创新,完善各项社会保障制度。在经济发展的新阶段,在收入分配上要坚持效率优先、兼顾公平,既要反对平均主义,又要防止收入悬殊。初次分配和再分配都要注重效率,发挥市场的作用,鼓励一部分人通过诚实劳动、合法经营先富起来,加强政府对收入分配的调节职能,调节差距过大的收入。规范分配秩序,合理调节少数垄断性行业的过高收入,取缔非法收入。完善住房、医疗和养老保险等各项社会保障制度,保障城镇贫困阶层和农村贫困人口的基本生活。其次,应当扩大中等收入者的比重,在收入普遍提高的基础上缩小收入分配的差距。收入分配不平等通过市场规模、投资水平、财富积累激励、政治经济以及社会政治环境等机制制约了经济增长,影响了整体居民福利水平的改善。在现阶段,社会分配不公已经不仅仅是一个社会道德问题,而且是危及社会稳定的社会问题与国家政权稳定的长期问题。因此,在提高经济增长质量的过程中我们应当以共同富裕为目标,既要打破新的平均主义,又要控制收入分配差距,扩大中等收入者的比重,提高低收入者的收入水平。

第四节　资源环境政策的调整

　　资源利用和生态环境代价是经济增长质量的重要维度之一,体现着经济增长成本的高低。虽然本书对我国 1978～2007 年资源利用和生态环境代价方面指数测度的结果表明,1978～1986 年间资源利用和生态环境代价方面指数呈现上升态势,而 1987～1993 年间出现缓慢的下降,1994 年之后至 2007 年间又开始得到逐步地提高,但是这并不意味着我国的资源利用和生态环境代价问题已经处于非常好的状态,只要它相对于原有的基础水平取得了进步,体现在方面指数上就是其综合评价值的增加。长期粗放的经济增长方式、重工业优先模式导致了我国自然资源消耗巨大、生态环境污染严重的现状。因此,现阶段提高经济增长质量的重点就是要降低资源环境代价,在经济增长中努力把握人与自然之间关系的平衡,把人的发展同资源的消耗、环境的退化、生态的胁迫等联系在一起。

　　为了提高中国经济增长的质量,需要对资源环境政策进行调整,强化产业结构调整中的环境管理力度,制定全面调整产业结构、减少结构性污染的环境经济政策,建立向低碳经济投资激励与约束的政策。第一,将经济规律与生态规律相结合,强化产业结构调整中的环境管理力度。在产业结构调整中将经济系统与生态系统的功能对接起来,在技术系统的连结下实现生态经济系统的整合,在保持生态环境系统容纳能力的基础上,让生态系统提供最合理的环境支持,实现经济系统与生态环境系统的协调。这就需要我们严格控制国家限制性和禁止性投资产业,坚决执行国家建设项目环境保护管理的规定和实行环境保护预审制度。从境外引进生产设备时,应优先考虑先进设备和工艺,在引进生产主设备的同时,也要相应引入环保设备,防止生产设备和环保设备的脱节和污染的转移。第二,制定全面调整产业结构、减少结构性污染的环境经济政策,大力发展环保产业。要利用政策倾斜驱动和政府推动来加速消除结构性矛盾,限制粗放经营、鼓励集约经营,对因从事环境保护活动而面临利益缺损的产业,要制定优惠政策和补偿机制,鼓励污染企业搬迁,建立无污染、少污染示范区。此外,应当促进环境与发展综合决策的科学化和民主化,依靠环境政策法规加强环境监督,利用国家制定的政策、法规和标准来实现环境成本的内部化。第三,建立向低碳经济投资激励与约束的政策。将低碳经济发展纳入国家战略,建立低碳经济发展的激励与约束政策:一方面在经济增长中采取限制高碳增长模式的政策,在城市规划、建筑标准区域开放方面制定低碳经济的标准政策,将单位 GDP 排放量纳入考核体系中;另一方面鼓励新能源投资政策,并利用多种政策引导能源结构调整,促进能源消费和煤炭利用的多元化。

第五节　财政政策的调整

在政府的公共政策中,财政政策是常用的工具政策之一,主要关注政府支出和税收之间的关系,涉及政府支出、征收可以满足支出税收收入以及两者之间的关系问题。对于经济增长质量的提高,财政政策的作用是多方面的,它能够控制资源配置价格体系、增加工业的种类和提高就业率、调整收入再分配以及向公共投资提供资金。因此,为了提高中国经济增长的质量,需要对财政政策进行调整,运用税收政策鼓励经济结构的优化、减少投资对经济稳定的冲击、对低收入者进行转移支付并通过财税体制创新来提高资源利用的效率。第一,充分运用税收、信贷、折旧等经济手段优化三次产业之间的结构,并利用政策倾斜驱动和政府推动来加速消除结构性失衡。在中国经济转型的 30 年中,产业结构一直处于失衡状态,工业比重较大而服务业比重相对偏低,而且从反映我国二元经济结构的几项基本指标来看,这一时期我国二元经济结构并没有得到根本性的转化。受收入分配差距扩大和"重投资、轻消费"观念和体制的影响,我国投资消费结构也处于严重失衡的状态。因此,需要通过财政政策的调整来不断优化经济增长的产业结构,调整投资和消费的关系,通过不断提高经济增长结构的协调性来提高经济增长质量。第二,借助财政政策的调整来降低投资对经济增长稳定性的冲击。投资是中国经济增长最为直接的驱动方式,改革开放以来由于投资的宏观收益下降,使得实现高增长必须依赖更高的投资比率,从而造成中国投资持续处于高位。从长期来看,投资仍将是促进中国经济增长的主要因素,但这种投资占总支出的份额过大而消费占总支出份额过小的特征会使得经济更易受到投资方面的冲击,而且会影响投资决策的原材料价格、实际利率等冲击都大于消费占总支出大部分的经济体。因此,需要通过财政政策的调整来尽量降低这种不稳定性对经济系统的冲击和干扰。第三,通过财政政策的相关手段对低收入者进行转移支付。无论是从长期还是短期来看,收入分配不平等通过市场规模、投资水平、财富积累激励、政治经济以及社会政治环境等机制制约了经济增长,中国要实现经济顺利转型并促进经济长期持续发展,必须关注收入分配不平等问题。因此,需要通过财政政策的转移支付来保障城镇贫困阶层和农村贫困人口的基本生活。第四,进行财税体制创新,提高资源利用效率。使用税收政策调节浪费资源的行为,充分发挥资源税的调节作用,来制止低水平重复建设、减少资源的浪费和提高资源利用效率。在财政政策的调整中重视有利于经济发展方式转型的政策,实行资源开发与节约并重措施。

第十一章　结论及未来研究的重点

第一节　研究的主要结论

本书采用国际规范的逻辑实证主义分析方法,在清晰界定经济增长质量外延与内涵的基础上构建出经济增长质量问题的分析框架,并以经济转型期的中国为对象对 1978～2007 年中国的经济增长质量问题进行了理论解释与实证分析,得出如下主要结论。

一、经济增长质量外延与内涵的界定

经济增长质量属于经济增长的范畴,而经济发展与经济增长之间又是一种包含与被包含的关系。经济发展是从横向上看外延大于经济增长,包括了与经济增长紧密相关的经济、社会、政治及其他因素,而经济增长质量是从经济增长的纵深方面看,探究经济增长内在的性质与规律,是与经济增长紧密相关的经济方面的内容。经济增长质量的内涵从经济增长的过程方面看包括经济增长的结构以及经济增长的波动问题,而从经济增长的结果来看包括经济增长的福利变化与成果分配以及资源利用和生态环境代价问题。

二、中国经济增长质量的状态评价

经济转型 30 年以来,我国在经济增长数量迅速扩张的同时,经济增长质量也在缓慢提高。具体到地区层面来看,自 1978 年以来中国各省市自治区的经济增长质量水平都得到一定程度的提高,但在各省市区之间却存在很大差异。以中国 28 个省市区 1978～2007 年的经济增长质量指数值为样本进行研究的结果表明,中国地区经济增长质量在

整个样本区间内并没有表现出绝对收敛的趋势,但在 1993～1997 年,1998～2002 年,2003～2007 年这三个阶段呈现出地区经济增长质量差距缩小的态势。按照传统的东中西部的划分对于趋同俱乐部的划分而言并不是十分理想的,采用聚类分析法对中国地区经济增长质量差异的俱乐部趋同进行研究找到 4 个趋同俱乐部。

三、中国经济增长质量的理论阐释与实证分析

本书采用归纳推理的方法得出有关经济增长质量的四条基本理论假说,并以中国的经济增长质量作为研究对象,对这四条理论假说进行了理论解释与实证分析,研究结果表明:第一,当经济增长的结构趋向于均衡时,经济增长质量会得到提高;第二,如果经济增长没有出现剧烈波动,随着稳定性的增强经济增长的质量将得到提高;第三,当经济增长带来居民整体福利水平上升或成果分配改善时,经济增长的质量将会提高;第四,随着资源利用效率的提高和生态环境代价的降低,经济增长质量将会得到提高。

第二节　有待进一步研究的问题

由于对经济增长质量问题的讨论才刚刚开始,现有相关文献主要集中于经济增长质量内涵的界定以及度量等基础性问题的研究之上,本书尝试在经济增长质量外延与内涵界定的基础上对 1978～2007 年中国的经济增长质量问题进行理论解释与实证分析。从研究的进展来说,经济增长质量问题仍然是在理论与实证上需要进一步系统研究的主题,有待进一步研究的问题主要有:

一、经济增长质量问题成熟的、系统的理论分析框架的形成

经济增长质量不是一个单一的概念,它包含着极其丰富的内涵,这就决定了经济增长质量问题研究的复杂性。尽管本书已经构建出了经济增长质量的分析框架,但它只是完成了较为简单的一些基础性工作,仍然需要进一步的成熟与完善。正如经济增长数量问题的分析框架在

经历了二百多年的发展之后,仍在不断地进行补充与调整一样,成熟系统的经济增长质量分析框架也需要一个较长的时期,需要许多研究者的不懈努力才可能得以完成。

二、经济增长质量各维度之间的关系问题

经济增长质量包含有非常丰富的内涵,不仅各维度即经济增长的结构、经济增长的稳定性、福利分配以及资源环境代价与经济增长质量之间存在着密切的关系,而且各个构成维度之间也是有着相互作用的,各维度之间的关系非常错综复杂。由于论文篇幅容量的限制,本书只提出了有关各维度与经济增长质量的四条基本理论假说并据此展开相关研究,但并没有对各个维度之间的相互关系进行分析。因此,经济增长质量各维度的关系是未来研究中需要重点考察的内容。

三、经济增长质量问题的阶段性

经济增长质量问题在经济所处的不同发展阶段表现不同。在经济发展的早期阶段,基本物质条件没有得以具备,因此,经济增长数量的扩张是经济发展的重点。而当经济发展处于更高阶段时,经济增长质量将会越来越重要,经济增长数量扩张与经济增长质量提高的有机统一成为发展的关键。遗憾的是,要从实证上发现经济增长数量和经济增长质量如何受到经济所处的发展阶段的影响需要采用时间跨度较长的数据,而中国的数据却难以满足这一要求,但这却可以作为未来的研究方向。

参考文献

[1][苏]B. D. 卡马耶夫:《经济增长的速度和质量》,陈华山、左东官、何剑等译,湖北人民出版社 1983 年版。

[2]白永秀、任保平:《从传统发展观到科学发展观:发展观的创新》,《福建论坛(人文社会科学版)》2004 年第 8 期。

[3]蔡昉、都阳:《中国地区经济增长的趋同与差异——对西部开发战略的启示》,《经济研究》2000 年第 10 期。

[4]蔡昉、都阳、王美艳:《经济发展方式转变与节能减排内在动力》,《经济研究》2008 年第 6 期。

[5]钞小静、任保平:《中国的经济转型与经济增长质量:基于 TFP 贡献的考察》,《当代经济科学》2008 年第 4 期。

[6]陈安平、李国平:《中国地区经济增长的收敛性:时间序列的经验研究》,《数量经济技术经济研究》2004 年第 11 期。

[7]陈晓玲、李国平:《地区经济收敛实证研究方法评论》,《数量经济技术经济研究》2007 年第 8 期。

[8]陈彦斌:《中国经济增长与经济稳定:何者更为重要》,《管理世界》2005 年第 7 期。

[9]陈彦斌、马莉莉:《中国通货膨胀的福利成本研究》,《经济研究》2007 年第 4 期。

[10]程永宏:《改革以来全国总体基尼系数的演变及其城乡分解》,《中国社会科学》2007 年第 4 期。

[11]戴武堂:《论经济增长质量及其改善》,《中国财经政法大学学报》2003 年第 1 期。

[12][美]德内拉·梅多斯等:《增长的极限——罗马俱乐部关于人

类困境的报告》,李宝恒译,吉林人民出版社 1997 年版。

[13][美]德内拉·梅多斯等:《增长的极限》,李涛、王智勇译,机械工业出版社 2006 年版。

[14]董先安:《浅释中国地区收入差距:1952—2002》,《经济研究》2004 年第 9 期。

[15][美]E. 赫尔普曼:《经济增长的秘密》,王世华、吴筱译,中国人民大学出版社 2007 年版。

[16]樊元、杨立勋:《关于经济增长质量统计的若干理论问题》,《西北师大学报》2002 年第 2 期。

[17]高帆:《中国各省区二元经济结构转化的同步性:一个实证研究——兼论地区经济结构转变与经济增长差距的关联性》,《管理世界》2007 年第 9 期。

[18]高帆:《论二元经济结构的转化趋向》,《经济研究》2005 年第 9 期。

[19]高帆:《分工差异与二元经济结构的形成》,《数量经济技术经济研究》2007 年第 7 期。

[20]葛新元、王大辉、袁强、方福康:《中国经济结构变化对经济增长的贡献的计量分析》,《北京师范大学学报》2000 年第 1 期。

[21]郭金龙、张许颖:《结构变动对经济增长方式转变的作用分析》,《数量经济技术经济研究》1998 年第 9 期。

[22]郭克莎:《中国:改革中的经济增长与结构变动》,上海三联书店、上海人民出版社 1996 年版。

[23]郭庆旺、贾俊雪:《中国全要素生产率的估算:1979～2004》,《经济研究》2005 年第 6 期。

[24]何一峰:《转型经济下的中国经济趋同研究——基于非线性时变因子模型的实证分析》,《经济研究》2008 年第 7 期。

[25]贺灿飞、梁进社:《中国区域经济差异的时空变化:市场化、全球化与城市化》,《管理世界》2004 年第 8 期。

[26]贺铿:《中国投资、消费比例与经济发展政策》,《数量经济技术经济研究》2006 年第 5 期。

[27]胡振华、周永文:《产业结构变动对经济增长的影响及其测算》,《数量经济技术经济研究》1997年第4期。

[28]焦必方:《环保型经济增长模式:21世纪中国的必然选择》,复旦大学出版社2001年版。

[29]经济增长前沿课题组:《经济增长、结构调整的累积效应与资本形成——当前经济增长态势分析》,《经济研究》2003年第8期。

[30]康梅:《投资增长模式下经济增长因素分解与经济增长质量》,《数量经济技术经济研究》2006年第2期。

[31]李斌:《投资、消费与中国经济的内生增长:古典角度的实证分析》,《管理世界》2004年第9期。

[32]李建伟:《当前我国经济运行的周期性波动特征》,《经济研究》2003年第7期。

[33]李京文、D·乔根森等:《生产率与中美日经济增长研究》,中国社会科学出版社1993年版。

[34]李依凭:《1978年~2003年我国农民实际收入增长率变动对经济增长质量影响的动态分析》,《技术经济》2004年第11期。

[35]李岳平:《经济增长质量评估体系及实证分析》,《江苏统计》2001年第5期。

[36]李延军、金浩:《经济增长质量与效益评价研究》,《工业技术经济》2007年第2期。

[37]李周为、钟文余:《经济增长方式与增长质量测度评价指标体系研究》,《中国软科学》1999年第6期。

[38][英]理查德·杜思韦特:《增长的困惑》,李斌、姜峰、宫庆彬译,中国社会科学出版社2008年版。

[39]林毅夫、蔡昉、李周:《中国经济转型期的地区差距分析》,《经济研究》1998年第6期。

[40]林毅夫、任若恩:《东亚经济增长模式相关争论的再探讨》,《经济研究》2007年第8期。

[41]雷钦礼:《中国经济结构的演化及其增长效益的测度分析》,《统计研究》2007年第11期。

[42]刘海英、张纯洪:《中国经济增长质量提高和规模扩张的非一致性实证研究》,《经济科学》2006年第2期。

[43]刘海英、赵英才、张纯洪:《人力资本"均化"与中国经济增长质量关系研究》,《管理世界》2004年第11期。

[44]刘海英、张纯洪:《非国有经济发展对中国经济增长质量影响机理研究——来自VEC模型的新证据》,《经济学家》2007年第6期。

[45]刘恒、陈述云:《中国经济周期波动的新态势》,《管理世界》2003年第3期。

[46]刘金全、范剑青:《中国经济周期的非对称性和相关性研究》,《经济研究》2001年第5期。

[47]刘金全、张海燕:《经济周期态势与条件波动性的非对称性关联分析》,《管理世界》2003年第9期。

[48]刘金全、付一婷、王勇:《我国经济增长趋势与经济周期波动性之间的作用机制检验》,《管理世界》2005年第4期。

[49]刘树成:《论又好又快发展》,《经济研究》2007年第6期。

[50]刘金全、谢卫东:《中国经济增长与通货膨胀的动态相关性》,《世界经济》2003年第6期。

[51]刘强:《中国经济增长的收敛性分析》,《经济研究》2001年第6期。

[52]刘树成:《论中国经济增长与波动的新态势》,《中国社会科学》2000年第1期。

[53]刘树成、张平、张晓晶:《中国的经济增长与周期波动》,《宏观经济研究》2005年第12期。

[54]刘树成:《繁荣与稳定:中国经济波动研究》,社会科学文献出版社2000年版。

[55]刘伟、李绍荣:《产业结构与经济增长》,《中国工业经济》2002年第5期。

[56]刘伟、李绍荣:《所有制变化与经济增长和要素效率提升》,《经济研究》2001年第1期。

[57]刘伟等:《北京市经济结构分析》,《中国工业经济》2003年第

1 期。

[58]刘伟、李绍荣:《转轨中的经济增长与经济结构》,中国发展出版社 2005 年版。

[59]刘伟、蔡志洲:《技术进步、结构变动与改善国民经济中间消耗》,《经济研究》2008 年第 4 期。

[60]刘伟:《经济发展和改革的历史性变化与增长方式的根本转变》,《经济研究》2006 年第 1 期。

[61]刘夏明、魏英琪、李国平:《收敛还是发散?——中国区域经济发展争论的文献综述》,《经济研究》2004 年第 7 期。

[62]刘亚建:《我国经济增长效率分析》,《思想战线》2002 年第 4 期。

[63]刘亚军、倪树高:《基于全要素生产率的浙江省经济增长质量分析》,《浙江社会科学》2006 年第 6 期。

[64]陆铭、陈钊、万广华:《因患寡,而患不均——中国的收入差距、投资、教育和增长的相互影响》,《经济研究》2005 年第 12 期。

[65]吕铁、周叔莲:《中国的产业结构升级与经济增长方式转变》,《管理世界》1999 年第 1 期。

[66]梁言顺:《低代价经济增长论》,人民出版社 2004 年版。

[67]马建新、申世军:《中国经济增长质量问题的初步研究》,《财经问题研究》2007 年第 3 期。

[68]彭德芬:《经济增长质量研究》,华中师范大学出版社 2002 年版。

[69]彭国华:《中国地区收入差距、全要素生产率及其收敛性分析》,《经济研究》2005 年第 9 期。

[70]彭国华:《我国地区经济的长期收敛性——一个新方法的应用》,《管理世界》2006 年第 9 期。

[71][美]钱纳里等:《工业化与经济增长比较研究》,吴奇等译,上海三联书店 1989 年版。

[72]钱士春:《经济增长与经济波动关系研究综述》,《经济学动态》2004 年第 4 期。

[73]权衡、徐王争:《收入分配差距的增长效应分析:转型期中国经验》,《管理世界》2002年第5期。

[74]任保平、钞小静:《论中国经济发展新阶段的经济发展模式转型》,《福建论坛(人文社会科学版)》2007年第7期。

[75]任保平:《新中国60年工业化的演进及其现代转型》,《陕西师范大学学报(哲学社会科学版)》2010年第1期。

[76]任保平、钞小静:《世界工业化发展的趋势及中国新型工业化道路的定位》,《山西师大学报(社会科学版)》,2006年第3期。

[77]单薇:《基于熵的经济增长质量综合评价》,《数学的实践与认识》2003年第10期。

[78]单晓娅、陈森良:《经济增长质量综合评价指标体系设计》,《贵州财经学院学报》2001年第6期。

[79]邵宜航、刘雅南:《二元经济的结构转变与增长分析》,《数量经济技术经济研究》2007年第10期。

[80]申世军、邬凯生:《广东省山东省经济增长质量研究》,《工业技术经济》2007年第3期。

[81]沈坤荣:《中国经济增长绩效分析》,《经济理论与经济管理》1998年第1期。

[82]沈坤荣、马俊:《中国经济增长的"俱乐部收敛"特征及其成因研究》,《经济研究》2002年第1期。

[83]石磊、高帆:《地区经济差距:一个基于经济结构转变的实证研究》,《管理世界》2006年第5期。

[84]滕建州、梁琪:《中国区域经济增长收敛吗——基于时序列的随机收敛和收敛研究》,《管理世界》2006年第12期。

[85]万广华、陆铭、陈钊:《全球化与地区间收入差距:来自中国的证据》,《中国社会科学》2005年第3期。

[86]王春雷、黄素心:《基尼系数与样本信息含量》,《数量经济技术经济研究》2007年第2期。

[87]王积业:《关于提高经济增长质量的宏观思考》,《宏观经济研究》2000年第1期。

[88]王少平、欧阳志刚:《中国城乡收入差距对实际经济增长的阈值效应》,《中国社会科学》2008年第2期。

[89]王小鲁、樊纲:《中国地区差距的变动趋势和影响因素》,《经济研究》2004年第1期。

[90]王志刚:《质疑中国经济增长的条件收敛性》,《管理世界》2004年第3期。

[91]王铮、葛昭攀:《中国区域经济发展的多重均衡态与转变前兆》,《中国社会科学》2002年第4期。

[92][世界银行]温诺·托马斯等:《增长的质量》,《增长的质量》翻译组译,中国财经出版社2001年版。

[93]夏明:《转轨以来中国经济结构转变的实证分析》,《统计研究》2002年第2期。

[94]肖红叶、李腊生:《我国经济增长质量的实证分析》,《统计研究》1998年第4期。

[95]项俊波:《中国经济结构失衡的测度与分析》,《管理世界》2008年第9期。

[96]徐辉、杨志辉:《密切值模型在经济增长质量综合评价计算中的应用》,《理论新探》2005年第12期。

[97]许召元、李善同:《近年来中国地区差距的变化趋势》,《经济研究》2006年第7期。

[98]谢健:《经济结构的变动与区域经济的差异分析》,《中国工业经济》2003年第11期。

[99][匈牙利]亚诺什·科尔奈:《突进与和谐的增长》,张晓光等译,经济科学出版社1988年版。

[100]杨长友:《测评经济增长质量的六大向度》,《福建论坛》2000年第1期。

[101]杨天宇、袁江:《中国经济结构变迁影响经济增长的实证研究》,《探索》2005年第5期。

[102]杨俊、张宗益、李晓羽:《收入分配、人力资本与经济增长:来自中国的经验(1995~2003)》,《经济科学》2005年第5期。

[103]杨汝岱、朱诗娥:《公平与效率不可兼得吗?——基于居民边际消费倾向的研究》,《经济研究》2007年第12期。

[104]姚树洁、Chun Kwok Lei、冯根福:《中国大陆、香港和澳门地区的收入收敛性》,《经济研究》2008年第10期。

[105]尹恒、龚六堂、邹恒甫:《收入分配不平等与经济增长:回到库兹涅茨假说》,《经济研究》2005年第4期。

[106]俞安军、韩士专、张顺超:《利用C—D函数测算中国经济增长的质量及方式》,《统计与决策》2007年第24期。

[107]袁志刚:《中国经济增长:制度、结构、福祉》,复旦大学出版社2006年版。

[108]张鸿武:《我国地区经济增长的随机性趋同研究——基于综列数据单位根检验》,《数量经济技术经济研究》2006年第8期。

[109]张军、吴桂英、张吉鹏:《中国省际物质资本存量估算:1952~2000》,《经济研究》2004年第10期。

[110]张茹:《中国经济增长地区差异的动态演进:1978~2005》,《世界经济文汇》2008年第2期。

[111]章祥荪、贵斌威:《中国全要素生产率分析:Malmquist指数法评述与应用》,《数量经济技术经济研究》2008年第6期。

[112]赵英才、张纯洪、刘海英:《转轨以来中国经济增长质量的综合评价研究》,《吉林大学社会科学学报》2006年第3期。

[113]赵农华:《上海经济结构调整的实证分析:1990~2003》,《经济理论与经济管理》2004年第7期。

[114]郑玉歆:《全要素生产率的再认识——用TFP分析经济增长质量存在的若干局限》,《数量经济技术经济研究》2007年第9期。

[115]钟春平、徐长生:《经济增长与经济周期内在关联研究前沿》,《经济学动态》2004年第10期。

[116]钟学义等:《增长方式转变与增长质量提高》,经济管理出版社2001年版。

[117]周光友、罗素梅:《经济增长方式对经济结构变化的影响》,《当代财经》2004年第5期。

[118]周华林:《投资、消费协调发展与经济增长》,《经济前沿》2005年第1期。

[119]周英章、蒋振声:《我国产业结构变动与实际经济增长关系实证研究》,《浙江大学学报(人文社会科学版)》2002年第3期。

[120]周振华:《现代经济增长中的结构效应》,上海三联书店、上海人民出版社1995年版。

[121]邹薇、周浩:《中国省际增长差异的源泉的测算与分析(1978~2002)——基于"反事实"收入法的经验研究》,《管理世界》2007年第7期。

[122]Aghion, Philippe, Caroli, Eve and Garcia-Penalosa, Cecilia: "Inequality and Economic Growth: the Perspective of the New Growth Theories", *Journal of Economic Literature*, Vol. 37, No. 4, 1999, pp. 1615 - 1660.

[123]Alesina, Alberto, and Dani Rodrik: "Distributive Politics and Economic Growth", *Quarterly Journal of Economics*, Vol. 109, No. 2, 1994, pp. 465 - 490.

[124]Alesina, A. and Perotti, R.: "Income Distribution , Political Instability and Economic Growth", *European Economic Review*, Vol. 40, 1996, pp. 1203 - 1228.

[125] Alexander, R. J.: "Inflation and Economic Growth: Evidence from a Growth Equation", *Applied Economics*, 1997, p. 29.

[126]Barro, R. J., Sala-i-Martin, X.: *Economic Growth*, McGraw Hill, New York, 1995.

[127] Barro, R. J.: "Inflation and Growth", *Federal Reserve Bank of St. Louis Review*, 1996, p. 78.

[128] Barro, R. J.: "Inequality and Growth in a Panel of Countries", *Journal of Economic Growth*, Vol. 5, No. 1, 2000, pp. 5 - 32.

[129]Barro, R. J.: "Quantity and Quality of Economic Growth", *Working Papers from Central Bank of Chile*, 2002, pp. 1 - 39.

［130］Barro，R. J. ，M. McCleary. ："Religion and Economic Growth"，*Harvard University Working Paper*，2003.

［131］Banerjee ，A. and Newman，A. ："Occupational Choice and the Process of Development"， *JPE*，Vol. 101，1993，pp. 274 - 299.

［132］Bailey ，M. ："The Welfare Cost of Inflationary Finance"，*Journal of Political Economy* ，Vol. 64，1956，pp. 93 - 110.

［133］Baumol，W. J. ："Productivity Growth ，Convergence and Welfare ：What the Long-run Data Show"，*American Economic Review* ，Vol. 76，1986，pp. 1072 - 1085.

［134］Ben S. Bernanke. ： "Irreversibility，Uncertainty，and Cyclical Investmen"，*Quarterly Journal of Economics* ，Vol. 98，No. 1，1983，pp. 85 - 106.

［135］Bernard，A. and C. Jones. ："Comparing Apples to Oranges：Productivity Convergence and Measurement across Industries and Countries "， *American Economic Review*， Vol. 86， No. 5，1996，pp. 1216 - 1238.

［136］Binder，Michael，M. Hashem Pesaran："Stochastic Growth Models and Their Econometric Implications"，*Journal of Economic Growth* ，No. 4，1999，pp. 139 - 183.

［137］Bernard，Andrew ，Steven N. Durlauf："Convergence in International Output"，*Journal of Applied Econometrics*，Vol. 10，1995，pp. 97 - 108.

［138］Black F：*Business Cycles and Equilibrium* ，New York：Basil Blackwell，1987.

［139］Caporale T，McKiernan B. ： "The Relationship Between Output Variability and Growth：Evidence from post-war UK data"，*Scottish Journal of Political Economy* ，Vol. 43，No. 2，1996，pp. 175 - 184.

［140］Caporale T. T. ，McKiernan B. ： "The Fischer Black hypothesis：Some time-series evidence "，*Southern Economic Journal*，

Vol. 64,No. 3,1998,pp. 765－771.

[141]Caselli F. , G. Esquivel and F. Lefort. : "Reopening the Convergence Debate : A New Look at Cross Country Growth Empirics", *Journal of Economic Growth*,No. 1,1996,pp. 363－389.

[142]Chenery,H. B. and Clark,P. G. :*Interindustry Economics*, New York:John Wiley and Sons,1959.

[143]Chenery,H. B. and Syrquin,M. :*Patterns of Development*: 1950—1970,Oxford,U. K. Oxford University Press,1975.

[144]Cho, Dongchul , Stephen Graham. : "The Other Side of Conditional Convergence", *Economics Letters*, No. 50, 1996, pp. 285－290.

[145]De La Croix,David and Matthias Doepke:"Inequality and Growth: Why Differential Fertility Matters", *American Economic Review*,Vol. 93,No. 4,2004,pp. 1091－1113.

[146]Dolmas,Jim: "Risk Preferences and the Welfare Cost of Business Cycles", *Review of Economic Dynamics*, Vol. 1, No. 3, 1998,pp. 646－676.

[147] Denison, Edward F. : *Accounting for United States Economic Growth* 1929－1969,Brookings Institution,1974.

[148]Epaulard,Anne and Aude Pommeret. :"Recursive Utility, Growth,and the Welfare Cost of Volatility", *Review of Economic Dynamics*,Vol. 6,No. 2,2003,pp. 672－684.

[149]Forbes, Kristin J. : "A Reassessment of the Relationship between Inequality and Growth", *American Economic Review*, Vol. 90,No. 4,2000,pp. 869－887.

[150] Gadi Barlevy. : "The Cost of Business Cycles and the Benefits of Stabilization ",*Economic Perspectives*,No. 10,2005.

[151]Galor, Oded and Joseph Zeira. "Income Distribution and Macroeconomics", *Review of Economic Studies*, 1993, Vol. 60, pp. 33－52.

［152］Galor, O. : "Convergence? Inferences from Theoretical Models", *The Economic Journal*, Vol. 106, 1996, pp. 1056 - 1069.

［153］Green, J. and E. Sheshinski. : "Budget Displacement Effects of Inflationary Finance", *American Economic Review*, Vol. 67, 1977, pp. 671 - 682.

［154］Grier K, and Tullock G. : " An Empirical Analysis of Cross-national Economic Growth 1951—1980 ", *Journal of Monetary Economics*, Vol. 24, No. 2, 1989, pp. 259 - 276.

［155］Holli B. Chenery: "Patterns of Industrial Growth", *American Economic Review*, Vol. 50, 1960, pp. 624 - 654.

［156］Holz, C. : "The Quantity and Quality of Labor in China 1978 - 2000 - 2025", *Working Paper*, 2005, pp. 1 - 81.

［157］Imrohoroglu, Ayse and Selahattin Imrohoroglu. : "On the Welfare Cost of Business Cycles and Reduced Growth in Turkey", *Working paper*, 1997.

［158］Islam, N. : "Growth Empirics: A panel Data Approach", *Quarterly Journal of Economics*, 1995, Vol. 110, pp. 1127 - 1170.

［159］Islam, N. : "Productivity Dynamics in a Large Sample of Countries: A panel Study", *Review of Income and Wealth*, Vol. 49, 2003, pp. 247 - 272.

［160］Joseph A. Schumpeter. : *The theory of economic development*, Harvard University Press, USA. , 1934.

［161］Kaldor, N. : "A Model of Economic Growth", *Economic Journal*, Vol. 57, 1957, pp. 591 - 624.

［162］Kormendi R, Meguire P. : "Macroeconomic determinants of growth: Cross-country evidence", *Journal of Monetary Economics*, Vol. 16, No. 4, 1985, pp. 141 - 163.

［163］Kuznets, S: *Economic Growth of Nations: Total Output and Production Structure*, Harvard, Cambridge, Mass, 1971.

［164］Lucas, Robert. : *Model of Business Cycles*, Oxford: Basil

Blackwell,1987.

[165] Mankiw, N. G. , D. Romer and D. N. Weil. : "A Contribution to the Empirics of Economic Growth", *The Quarterly Journal of Economics*,1992,Vol. 107,pp. 407 – 438.

[166] Mirman L. : " Uncertainty and optimal consumption decisions", *Econometrica*,Vol. 39,No. 1,1971,pp. 179 – 185.

[167] Murphy, K. , A. Shleifer , and R. Vishny. : "Income Distribution,Market Size and Industrialization", *Quarterly Journal of Economics*,Vol. 104,1989,pp. 537 – 564.

[168]Panizza, U. : "Income Inequality and Economic Growth: Evidence from American data",*Journal of Economic Growth*,Vol. 7, 2002,pp. 25 – 41.

[169] Patridge, Mark D. : " Is Inequality Harmful for Growth? Comment", *American Economic Review*, Vol. 87, 1997, pp. 1019 – 1032.

[170] Persson, Torsten, and Guido Tabellini. : "Is Inequality Harmful for Growth? Theory and Evidence", *American Economic Review*,Vol. 84,1994,pp. 600 – 621.

[171]Philippe Aghion and Peter Howittt:"A Model of Growth Through Creative Destruction ", *Econometrica*,Vol. 60,No. 2,1992, pp. 323 – 351.

[172]Quah,D. :"Galtons's Fallacy and Test of the Convergence Hypothesis",*Scandinavian Journal of Economics*,Vol. 95,1993,pp. 427 – 442.

[173] Quah, D. : " Twin Peaks: Growth and Convergence in Models of Distribution Dynamics",*The Economic Journal*,Vol. 106, 1996,pp. 1045 – 1055.

[174]Ramey G, V A Ramey. : "Cross-country Evidence on the Link Between Volatility and Growth", *American Economic Review* , Vol. 85,No. 5,1995,pp. 1138 – 1151.

［175］Robert J R. Lucas. ：*Models of business cycles*，Basil Blackwell，Oxford，1987.

［176］Robert S. Pindyck. ："Investment and the persistence of price uncertainty"，*Research in Economics*，Vol. 55，No. 2，2001，pp. 189 - 217.

［177］Sandmo A. ："The effect of uncertainty on saving "，*Review of Economic Studies*，Vol. 37，1970，pp. 353 - 360.

［178］Sack, Stephen R. ："Changing in Industrial Structure in Yugoslavia, 1959—1968 "，*The Journal of Political Economy*，Vol. 80，1972，pp. 561 - 574.

［179］Stanners, W. ："Inflation and Growth "，*Cambridge Journal of Economics*，Vol. 20，1996，pp. 32 - 34.

［180］Temple, J. ："The New Growth Evidence"，*Journal of Economic Literature*，1999，XXXVII，pp. 112 - 156.

［181］Turnovsky, S. J. and P. Chattopadhyay："Volatility and Growth in Developing Economies ：Some Numerical Results and Empirical Evidence"，*Journal of International Economics*，Vol. 59，No. 2，2003，pp. 267 - 295.

后　记

　　《中国转型时期经济增长质量的理论与实证分析》一书是在我博士论文《经济增长质量：一种理论解释及中国的实证分析》的基础上扩展完成的，是西北大学研究生创新教育项目优秀博士学位论文类的最终成果，也是陕西省重点学科西方经济学建设项目的成果。

　　本科阶段的我就读于西北大学经济管理学院国家经济学基础人才培养基地，并有幸师从于任保平教授。2004 年在征得任老师同意后，我将毕业论文的题目确定为《中国公共支出结构对经济增长影响的实证分析》，在研究过程中，我接触到了经济增长理论并对此产生了浓厚兴趣，这篇论文入选第五届中国经济学年会更是给予了我莫大的鼓励。2004 年 9 月，我被推荐免试为西北大学经济管理学院西方经济学专业硕士研究生，继续跟随任老师进行学习研究。任老师治学严谨、善于思考、观察力敏锐，他一直想从经济增长质量视角来研究中国的经济增长问题，考虑到我自身对经济增长理论的巨大兴趣，任老师建议我研究经济增长质量问题。由此开始，我检索收集了大量国内外的相关文献，结果发现在外文文献中仅仅只有巴罗的一篇文章是直接研究这一问题的，所以我就愈发对经济增长质量问题感兴趣。2006 年学校首次在社科类部分专业中实行提前攻读博士学位的制度，这次意外的机会让我在未完成硕士毕业论文的情况下直接进入了博士阶段的学习，在之前研究的基础上我将博士论文的研究选题定位为《经济增长质量：一种理论解释及中国的实证分析》。所以可以说这本书是我五年辛苦努力的成果，博士论文完成之后我对其进行了扩展与完善，经过半年多的艰辛努力，最终形成了本书的书稿。

　　在西北大学学习的这九年是我人生中最美好的九年，在这里我倾听了无数名师的谆谆教导,贪婪地吸收着经济学的养分;在这里我有一大批亦师亦友的同窗,每当我在研究时遇到难题,和他们讨论总能让我调整思维,摆脱困境;也正是在这里我完成了人生角色的转变,从九年前那个刚刚走入大学校园,对经济学充满好奇的初学者,向一个经济学的研究者角色的转变。所以,当作为九年求学历程最终成果的《中国转型时期经济增长质量的理论与实证分析》一书即将面市之时,我的内心充满了留恋与感激。留恋的是这美好的校园生活,感激的是在这九年里曾给过我无私帮助的老师、同学、朋友和家人。

本书在完成过程中得到了许多人的支持与帮助,从一开始选题,到大纲的修订与确立,以及后来对文稿不断的修改与完善,都凝结了我的导师任保平教授大量的心血,他不但是我学业上的导师,更是我人生路上的向导,生活中的良师益友,如果没有任老师无私的帮助与指导,就不会有这本书的面世。同时本书的出版还得到了西北大学经济管理学院院长白永秀教授、党委书记薛来前研究员、副院长赵守国教授、副书记樊涛、副院长李长宏等各位领导的支持与帮助。在我的写作过程中,常云昆老师、周新生老师、史耀疆老师、安树伟老师等给予了我大量有益的意见与指导,惠康博士、王守坤博士、刘丽博士、邵晓博士等与我进行了多次讨论,张如意博士协助我处理了书中的图表和文字格式等工作,在此我表示衷心的感谢。自 2000 年进入西北大学经济管理学院求学以来,有太多太多的老师在学业上曾给予我启迪,在生活上给予我帮助,在这里我真挚地感谢惠宁老师、张晓明老师、何爱平老师、范王榜老师、张龙老师、张琳老师、岳利萍老师、李波老师、卢春香老师、安树军老师。人民出版社的郑海燕女士对本书进行了细致的编辑,提出了许多有益的建议,使本书增色不少,在此也表示深深的感谢。在书稿扩展、完善、校订的过程中,正值我怀孕期间,我的父亲、母亲、公公、婆婆还有我的丈夫给予了我无穷的关爱与包容,支持我一步步走到今天,谨以此书献给我深爱的家人和我刚刚出世的女儿!

钞小静

2010 年 7 月于西北大学新区

策划编辑:郑海燕

封面设计:周文辉

图书在版编目(CIP)数据

中国转型时期经济增长质量的理论与实证分析/钞小静著.
-北京:人民出版社,2010.8
ISBN 978 - 7 - 01 - 009145 - 7

Ⅰ.①中… Ⅱ.①钞… Ⅲ.①经济增长-研究-中国 Ⅳ.①F124

中国版本图书馆 CIP 数据核字(2010)第 138852 号

中国转型时期经济增长质量的理论与实证分析

ZHONGGUO ZHUANXING SHIQI JINGJI ZENGZHANG
ZHILIANG DE LILUN YU SHIZHENG FENXI

钞小静 著

人民出版社 出版发行

(100706 北京朝阳门内大街 166 号)

北京新魏印刷厂印刷 新华书店经销

2010 年 8 月第 1 版 2010 年 8 月北京第 1 次印刷
开本:710 毫米×1000 毫米 1/16 印张:13
字数:184 千字 印数:0,001—3,000 册

ISBN 978 - 7 - 01 - 009145 - 7 定价:28.00 元

邮购地址 100706 北京朝阳门内大街 166 号
人民东方图书销售中心 电话 (010)65250042 65289539